保育のうたあそび 決定版

― キラキラ★秋・冬のうた ―

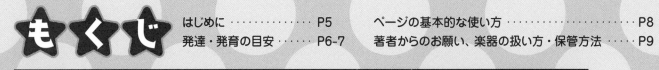

もくじ

曲名リスト（あいうえお順）

はじめに

「音を歌うと楽しい。音を聞くと楽しい。音を奏でて楽しい。音を踊ると楽しい」。「音」と「楽」の文字の間に、さまざまな動作の言葉をあてはめてみました。字のごとく、「楽しくなければ音楽ではない」のです。

英語で『演奏する』という言葉も、『遊ぶ』という意味の含まれる『Play』で表します。音楽は、そう、音の集まりの遊びなのです。遊び感覚でなければ、音楽は楽しくないし、「音学」「音が苦」となってしまいます。

ですから、この本に出てくる80曲は、秋冬の季節・行事に関係する曲・オールシーズン歌える曲から、

①楽しくあそべる曲　②時代・世代を問わず一緒に歌える曲　③いろいろなリズムの曲(3拍子・8分の6拍子・スキップのリズム・元気な行進曲・静かな曲など)　④さまざまなジャンルの曲　⑤普段の保育はもちろん、発表会や音楽会などにも発展できる曲(特にCDの中には発表会に発展できるのものが多い)

などを意識して選曲しました。

音楽は、人の心を動かし、共鳴するからこそ、情操・情緒・豊かな感性を育てると考えられています。そして豊かな感性は、幼児のときだけでなく、大人になってからもずっと育てていくものであると感じています。

だから、楽しい音楽であそぶことが大切です。楽しくニコニコしながらワクワクの気持ちを持って、キラキラの瞳の子どもたちと一緒に音楽を使ってたくさんあそんでください。

歌と演奏者

歌手：
宮内 良・渡辺かおり・ひまわりキッズ(1)、いぬいかずよ・真園ありす(2)、金子麻友美・スマイルキッズ(3)、宮内 良・ひまわりキッズ(4)、尾藤イサオ・ウィルビーズ(5)、増田直美・NHK東京放送児童合唱団(6)、津田依子(7)、新倉芳美(8)、真園ありす(9)、真園ありす・エンジェル・シスターズ(10)、もときあつ子・真園ありす・エンジェル・シスターズ(11)、春口雅子(12)、渡辺かおり(13,14,17,23)、CHINO・井上かおり・高野慎平・Seiren Boys(15)、井上かおり・エンジェル・シスターズ(16)、井上かおり(20)、真園ありす・スマイルキッズ(21)、渡辺かおり・エンジェル・シスターズ(22)、Seiren Boys(24)、山崎 薫(25)、松尾 香(26)

演奏：
ギタレレ:野村太郎(9)、ギター:野村太郎(25)、ソフィア交響楽団(18)、日本フィルハーモニー交響楽団(19)

※(　)カッコ内の数字はCDトラック数です

発達・発育の目安〈運動機能・言語・その他〉

※下記の発達・発育はあくまでも月齢での目安であり、子どもによって差があります。

★0さい★ 親子や保育者とたくさんスキンシップをとろう！

1ヶ月前後〜	あやすと笑う
3ヶ月前後〜	首がすわりはじめる
4ヶ月前後〜	いないいないばあを喜びはじめる
5ヶ月前後〜	寝返りをする 喃語がではじめる
6ヶ月前後〜	おすわりができるようになってくる／音楽が聞こえると体を動かす
8ヶ月前後〜	ハイハイをはじめる
9ヶ月前後〜	つかまり立ちをはじめる／バイバイをする
10ヶ月前後〜	つたい歩きをはじめる／大人の動作のまねをしはじめる
11ヶ月前後〜	ママ・パパ・マンマなどの単語を言う／指さしをする

★1さい★ 一人あそびを十分楽しもう！ 指・手あそびも取り入れよう！

1歳前後〜	歩きはじめる／簡単な言葉と動作が結びつくようになる／なぐりがきをする
1歳3ヶ月前後〜	歌に合わせて手をたたいたり、太鼓や鈴など音の出る玩具を鳴らしたりする
1歳6ヶ月前後〜	小走りができるようになってくる／ボールをける／グーパーができるようになる 大人と一緒に言葉の語尾や簡単な単語を歌いはじめる 名前を呼ばれると返事ができるようになってくる
1歳9ヶ月前後〜	上手でボールをなげる／二語文をはなしはじめる

★2さい★ 全身あそびやリズムあそびを取り入れよう！

2歳前後〜	その場で両足ジャンプをする／音楽に合わせて歌いはじめる 大人と一緒にリズムにのって手足を動かす
2歳6ヶ月前後〜	足を交互に出して階段をあがる 三輪車をこいであそびはじめる／自分の名前を言う 大小がわかりはじめる／ごっこあそびがはじまる 色を識別できる／顔らしいものをかく

★3さい★ 簡単なルールのあそびを取り入れよう！

3歳前後〜	片足立ちができるようになる／会話が上手になる 数を理解して3まで数える／チョキができるようになる
3歳6ヶ月前後〜	ケンケンができるようになる でんぐり返しができるようになってくる

★4〜5さい★ 2人組の簡単なあそびを取り入れよう！
成長とともにグループあそびのルールを変化させて発展してあそぼう！

4歳前後〜	数を理解して10まで数える
4歳6ヶ月前後〜	スキップ・ギャロップができるようになってくる 友だちに合わせたり、力を加減してひっぱりっこをしたりといったあそびもできるようになり、自分の力をコントロールするようになってくる
5歳前後〜	縄跳びを使い両足跳びをする／鉄棒のまえまわりをする 文字や数字への興味・関心が深まる

〈音楽あそびのねらいやポイント〉

**音楽あそびは、保育者が歌いながら楽しそうにしているところを見せることが大事！
子どもたちは自分のできるところからまねをします。**

 全身であそぼう **足であそぼう**

歩く、走る、跳ぶ、まわる、ゆれる、バランスをとるといった全身運動をすることで、リズム感を養い、体幹を鍛え、身体能力をアップさせることができます。体幹がしっかりすることで、座ったときの姿勢も良くなり、聞く姿勢、学ぶ姿勢にもつながっていきます。

 季節の歌であそぼう **歌であそぼう**

季節の歌を保育に取り入れることで、より季節を感じ、自然への興味・関心が広がっていきます。歌うことは、自分自身の解放へとつながり、心と体の健康を育みます。

 指・手であそぼう

手や指先を使う動きをたくさんすることで、脳の発達を促すとともに、さらにちぎる、ひねるといった行動を増やしていくことで、食具の持ち方や、クレヨン・鉛筆・ハサミの持ち方など、他のことにも良い影響を与えます。

 替え歌であそぼう

保育者が子どもたちからのアイデアを引き出し、替え歌にして楽しみましょう。歌詞に触れることで、言葉や数字にも興味・関心が広がっていきます。
友だちと一緒に考え、言葉を伝え合い、共通のイメージを持って協力することで、協同性も生まれます。

 2人組であそぼう **グループであそぼう**

2人組やグループであそぶことで、人と関わろうとする姿勢や、社会性が芽生え、その中でルールやきまりを知り、守らなければならないことがわかってきます。さらに楽しい音楽は心に共鳴するので、友だちと一緒に楽しい気持ちを分かち合うことができ、協調性が生まれます。

 絵をかいてあそぼう

歌に合わせて簡単に描けるので、絵を描くことが苦手な子どもでもOK。ゆったりとしたメロディーはゆっくりと、元気の良い曲は跳ねる・止めるなどリズムに気をつけて、グルグルとまわるような音楽は手首をまわすなど、曲の雰囲気を大事にしながら楽しく描けます。まるで絵の振りつけです。

 スキンシップであそぼう

乳児期における親子や保育者等、人との心地よい関わり、つまりスキンシップは、楽しい・嬉しいといった気持ちに共感でき、子どもの情緒の安定や周囲への関心を育んでいきます。優しく語りかけながら歌い、アイコンタクトをとりましょう。

 楽器であそぼう

まずは、それぞれの楽器を十分にたたいたり振ったりして、音の響きの違いを知り、鳴らし方により音の強弱が変わることを楽しみましょう。歌ったり踊ったりする表現に自信がない子どもでも、簡易楽器を鳴らすことで音楽を楽しむことができます。

 発表会に発展させよう

発表会のために何かをするのではなく、普段の保育で楽しんでしてきたことを発展させてあげましょう。そうすることで、子どもたちは自信を持って発表することができます。人前で緊張する子どもには、その子どもの得意なことを勧めます。発表できたことで、達成感・満足感を得ることができ、さらに自信がつき、次への意欲にもつながります。4～5歳になると、意識してみんなで息を合わせることができるようになり、クラスの統一感も生まれてきます。

★ ページの基本的な使い方 ★

秋冬の季節のうた・日本のわらべうた・世界のこどもうた・今月のうた・クラシック音楽・ディズニー音楽・お話うたの項目がわかります。

音楽あそびを、あそびの種類ごとに12項目に分類。各あそびにアイコンマークがあるので参考に。（ねらいやポイントはP.7参照）

前奏は、終わりの2〜4小節を使用しましょう。

💡ではあそびの中で気をつけることや、アレンジの仕方などに触れています。

❶（わ）たしゃ 〜 ホカホカしよう
歌いながら腕を振る。

アウフタクト（弱起）といって、1拍目以外の途中の拍から始まっている曲には（ ）でくくることで、1拍目が歌詞のどこから始まっているかがわかるようにしています。

♪（い）かがです
3回手拍子する。

歌詞に「・」がついているところと振りの動作が対応しています。

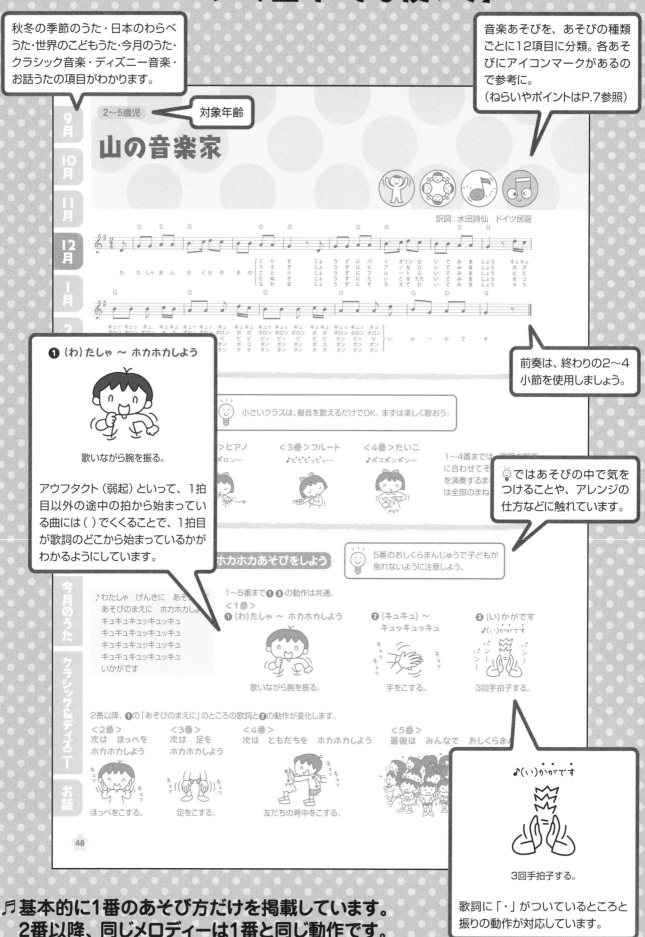

♫基本的に1番のあそび方だけを掲載しています。
2番以降、同じメロディーは1番と同じ動作です。

★ 監修者からのお願い ★

♫ クラス保育には、集団の人数・月齢・第一子が多いもしくは第二子以降が多い・あそびの経験の多寡など、子どもたちの育ちや環境によって違いがあります。そのことも考慮して、音楽あそびを選んでください。

♫ 1曲の中に、いろいろな年齢であそべるように、いくつかバリエーションを載せてあります。絶対にこれという決まった型はありませんので、子どもの様子を見ながら、保育者が柔軟にアレンジしてください。

♫ 対象年齢を記載していますが、CDを聞くことや、歌を歌うことは0歳児からできます（0・1歳は保育者が歌って聞かせる）。まずは、保育者が好きな歌をたくさん聞かせてあげてください。

♫ CD① は発表会用などにアレンジしやすい音楽や、監修者のお気に入りの曲で、CDに26曲収録されています。保育室でBGMとして何回もかけることにより、音楽が体に入り、あそびへの導入がスムーズに行えます。

♫ ⊚ は歌の特別アレンジ編として紹介しています。

♫ 本文に出てくる椅子のイラストは、動作がわかりやすいように背もたれをカットしてあります。

★ 楽器の扱い方・保管方法 ★

この本では、楽器あそびとして4種類の簡易楽器を扱っています。
楽器は優しく丁寧に扱うことを子どもたちと約束しましょう。
思いきり鳴らす。急に「ストップ」と言って音を止める。小さい音、大きい音など、音量に気をつけてみんなで鳴らしてみる。あそび感覚でいろいろな鳴らし方をすることで、みんな揃っての楽器演奏へとつなげることができます。

カスタネット

留めてあるゴムが一本線になっている側が上。
ゴムの輪っかに左手の人差し指を入れる。左の手のひらに軽くのせて、右手の中指を中心に3本指でたたく。強い音はグーでたたいてもよい。
トレモロのような音は、左手を軽く振って出す。
⚡：ゴムがゆるくないかチェックを。

鈴

左手に持ち、右手で左手首を打つ。
トレモロは、上から下へ下ろしながら細かく振る。右手に持ち替えてもよい。大きい音が欲しいときは、両手に鈴を持つとよい。
⚡：鈴が取れやすいので気をつける。また棒に掛けるようにして保管する。

タンバリン

枠の穴には指を入れない。親指を皮面に出し、うしろを4本指でしっかり押さえる。
鏡を見るように、タンバリンを自分に向けて、軽く5本指を立ててたたく。
トレモロは、上から下へ下ろしながら振る。右手に持ち替えてもよい。
⚡：皮の張ってあるほうを上にして保管する。たくさんある場合は縦に立ててしまう。

トライアングル

左手の中指と人差し指2本をひもに通して、親指でしっかり押さえる。回らないようにひもの長さを調節する。打棒で三角形の辺の真ん中をたたく。響きすぎないようにするときは、トライアングルを触って音を止める。
トレモロは、三角形の頂点のところの角を打棒で左右に細かくたたく。
⚡：使用後はさびないように乾いた布で拭き、楽器と打棒とひもをひとつずつ袋に入れて保管する。

0〜5歳児

とんぼのめがね

作詞：額賀誠志　作曲：平井康三郎

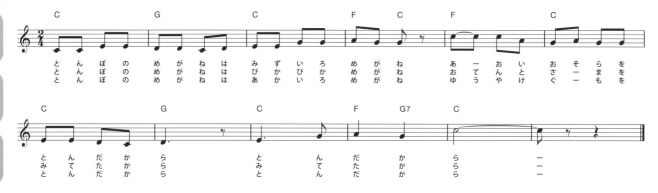

とと んん ぼぼ のの めめ がが ねね はは みび ずあ かい いろ ろか めめ がが ねね　あお おゆ 一て う おん いや いと け け おさ そぐ ー らま も をを をを

とみ んと だた かか らら　とみ んと だた かか らら　一一

 全身であそぼう

慣れたら、すべての動作を片足で挑戦！

❶ **とんぼのめがねは　みずいろめがね**

♪とんぼの　♪めがねは

手を横に広げてから、両手で丸をつくり、
めがねのように目に当てる。この動作を2回。

❷ **あおいおそらを　とんだから**

♪あおい　♪おそらを

両手を上げて右左に2回ゆれる。

❸ **とんだから**

♪と〜んだか　♪ら〜

両手を広げてその場で素早くまわる（反対まわりも）。

❹ **歌終わり**

片足を上げて、しばらくストップする。

いろいろな走り方であそぼう

 ピアノで伴奏するときは、テンポを速くしたりゆっくりにしたり、音を止めたりしよう。

例① 例②

両手を広げたまま、リズムに合わせて好きなところを走る。合図で片足を上げてストップする。

4呼間ずつ、手を上げ下げしながら走る。

背伸びをしてつま先で走ったり、腰をかがめて小さくなって走ったりする。

 スキンシップであそぼう

 子どもの目にめがねを当てても喜ぶよ。

❶ とんぼのめがねは　みずいろめがね

両手を横に広げてから、めがねのように目に当てて、子どもを覗き見る。この動作を2回。

❷ あおいおそらを　とんだから

子どもを抱き上げ、右左に2回ゆらす。

❸ とんだから

抱っこしたまま、その場で素早くまわる（反対まわりも）。

❹ 歌終わり

高い高いをする。

 絵をかいてあそぼう

「あおいおそらを」のところは、メロディーをゆったりと使い、とんぼの胴体を描こう。

   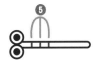 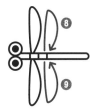

❶ ♪とんぼの　❷ ♪めがねは　❸ ♪みずいろ　めがね　❹ ♪あーおいおそらを　❺ ♪とん　だか　ら　❻ ♪とーん　❼ ♪だか　❽ ♪らー　❾ 𝄂

0・1・3・4・5歳児

夕日

作詞：葛原しげる　作曲：室崎琴月

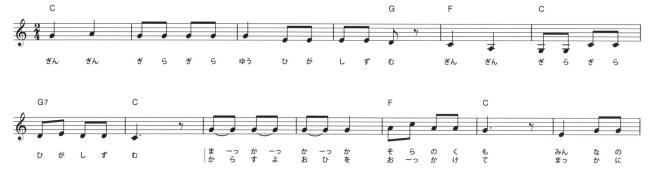

ぎん　ぎん　ぎら　ぎら　ゆう　ひ　が　し　ず　む　ぎん　ぎん　ぎら　ぎら
ひ　が　し　ず　む　｜まー っか ー っか ／から すよ おひを｜そら の く も て お ー っ か け て｜みん な の まっ か に

おか お も て まっ か て ー っ こ かい｜ぎん　ぎん　ぎら　ぎら　ひ　が　し　ず　む
そま っ て まっ

握手であそぼう

はじめはゆっくりなテンポでしっかり
あそび、だんだんテンポアップしよう！

❶ ぎんぎんぎらぎら

右　♪ぎん
左　♪ぎん
右　♪ぎら
左　♪ぎら

右左の順に2回握手する。ただし2回
目は手を離さない。

❷ ゆうひがしずむ

♪ゆうひが　　♪しずむ

つないだまま両手を大きく外側にまわし
てから、その場にしゃがむ。

❸ ぎんぎんぎらぎら　ひがしずむ

❶❷と同じ。

❹ まっかっかっか　そらのくも

♪まっかっかっか…

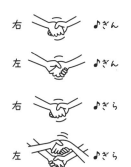

8回ずつ、ジャンプと両手合わせ
しながら、少しずつ立ち上がる。

❺ みんなのおかおも

♪みんなの　　♪おかおも

両手を合わせたまま、閉じてから開く。

❻ まっかっか

♪まっかっか

❺を速いテンポでする
（閉・開・閉）。

❼ ぎんぎんぎらぎら　ひがしずむ

❶❷と同じ。

足であそぼう

 足を床につけないで行うと運動量がアップ。あぁ大変。

準備：床にすわる。

❶ ぎんぎんぎらぎら

♪ぎんぎんぎらぎら

右左の順に、交互に足を
それぞれ2回ずつ出す。

❷ ゆうひがしずむ

♪ゆうひが　　♪しずむ

「ゆうひが」で足を揃えて前に出して上げ、
「しずむ」で下ろす。

❸ ぎんぎんぎらぎら　ひがしずむ

❶❷と同じ。

❹ まっかっかっか　そらのくも

♪まっかっかっか
　　　パン！

足の内側を8回合わせる。

❺ みんなのおかおも　まっかっか

♪みんなの　　おかおも

足を4回交差する。

❻ ぎんぎんぎらぎら　ひがしずむ

❶❷と同じ。

 スキンシップであそぼう

❹は子どもの背中を優しくタッチするだけでもOK！

準備：子どもの脇の下に手を入れて抱き上げる。

❶ ぎんぎんぎらぎら

ゆら　ゆら

右左に優しくゆらす。

❷ ゆうひがしずむ

少し高く抱き上げ、「しずむ」で抱きしめる。

❸ ぎんぎんぎらぎら　ひがしずむ

❶❷と同じ。

❹ まっかっかっか　そらのくも

ピョン　ピョン

抱きしめたまま、8回ジャンプする。

❺ みんなのおかおも　まっかっか

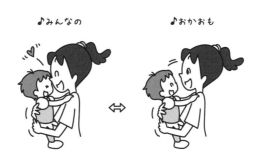
♪みんなの　　♪おかおも

顔を近づけてから離す。この動作を2回。

❻ ぎんぎんぎらぎら　ひがしずむ

❶❷と同じ。

9月
10月
11月
12月
1月
2月
3月
日本のわらべうた＆世界のこどもうた
今月のうた
クラシック＆ディズニー
お話

9月
10月
11月
12月
1月
2月
3月
日本のわらべうた＆世界のこどもうた
今月のうた
クラシック＆ディズニー
お話

0〜5歳児

つき

文部省唱歌

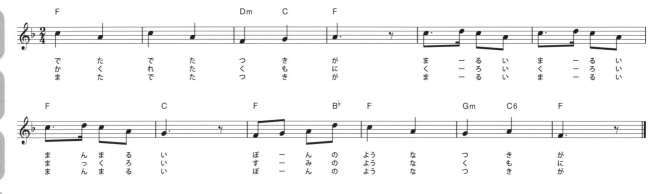

でかま　たくた　でれで　たたた　つくつ　きもき　がにが　まくま　ーーる　いいい　まくま　ーーる　いいい

まま　んっん　まくま　るるる　いいい　ぼすぼ　ーーん　んみん　のの　ようよ　ようよ　ななな　つくつ　きもき　がにが

 顔かくしであそぼう

 いないいないばあだけでも楽しいよ。

❶ でたでた　つきが

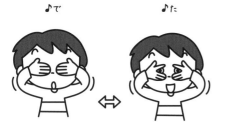

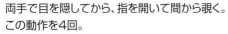

両手で目を隠してから、指を開いて間から覗く。
この動作を4回。

❷ まるいまるい　まんまるい

顔の前でかいぐりする。

❸ ぼんのような　つきが

❶ のように目を隠し、「が」で覗く。

9月
10月
11月
12月
1月
2月
3月
日本のわらべうた＆世界のこどもうた
今月のうた
クラシック＆ディズニー
お話

全身であそぼう

ひざの屈伸も入れて全身を使ってね！

❶ でたでた　つきが

両手で顔を隠してから、下げて顔を出す。
この動作を4回。

❷ まるいまるい　まんまるい

頭の上で丸をつくって右左にゆれてから、
その場で歩いてまわる。

❸ ぼんのような　つきが

❶のように隠してから、
「が」で顔を出す。

スキンシップであそぼう

準備：保育者の足の上に、向かい合わせになるように子どもをのせる。

❶ でたでた　つきが

両手で顔を隠してから顔を出す。
この動作を4回。

❷ まるいまるい　まんまるい

両手で円を描くようにほっぺや
おなかなど子どもの体をなでる。

❸ ぼんのような　つきが

❶のように隠してから、「が」で顔を出す。

❸は指を下から上へ動かし「つきが」で好きなところをくすぐってもOK。

3〜5歳児

うさぎのダンス

作詞：野口雨情　作曲：中山晋平

ソ ソ ラ ソ ラ ソ ラ ｜うかわさいぎのの ダダンンスス｜ タ ラッ タ

ラッ タ ラッ タ ラッ タ ラッ タ ラッ タ ラ ｜あしとんで けで はねは りねけ り｜

ピョッ コ ピョッ コ コ おど ど るる みみあし にに ははあ ちか まぐ きつ｜ラッ タ ラッ タ ラッ タ ラ

 **うさぎになってあそぼう**

 ❹のスキップを走るに変えれば、2歳クラスからうさぎになれるよ。

❶ ソソラ　　**❷ ソラソラ**　　**❸ うさぎのダンス**　　**❹ タラッタ 〜 ラッタラ**　　**❺ あしで 〜 ラッタラ**

両手でうさぎの耳をつくって2回ジャンプする。

両手を前に出す。

❶❷と同じ。

スキップをしながら（または走って）好きなところへ行く。

❶〜❹と同じ。

 **2人組であそぼう**

 ❺の最後の「みみに〜」で違う相手を見つけに行ってもいいよ。

準備：2人組で向かい合う。

❷ ソラソラ

❹❺ タラッタ 〜 ラッタラ

基本は「うさぎになってあそぼう」と同じ動作。

手合わせする。

手をつないでスキップしながら好きなところへ行く（スキップが難しいときは、リズムに乗って走る）。

すわったまま足で踊ろう

💡 弾むようにあそんで、付点のリズムを感じよう!

❶ ソソラ

♪ソソラ

両手でうさぎの耳をつくってリズムをとり、両足で床を2回たたく。

❷ ソラソラ

両手両足を前に出す。

❸ うさぎのダンス

❶❷と同じ。

❹ タラッタ ～ ラッタラ

♪タ ラッタ ラッタ…

つま先で付点のリズムをとる。

❺ あしで ～ ラッタラ

❶～❹と同じ。

絵をかいてあそぼう

💡 「ラッタ」のリズムを大切に、はねた感じで描こう。

① ♪ソソラソラソラ　② ♪うさぎの　③ ダンス　④ ♪タ ラッタ ラッタラッタ　⑤ ♪ラッタ ラッタ　⑥ ラッタ ラ　⑦ ♪あしでけり けり

⑧ ♪ピョッコ　⑨ ピョッコ　⑩ ♪おど　⑪ る　⑫ ♪みみに　⑬ はちまき　⑭ ♪ラッ タ　⑮ ラッ タ　⑯ ラッ タラ

3～5歳児

虫の声

文部省唱歌

あれ まつ むし が ないて いる よ
キリ キリ キリキリ ちんちろ ちんちろ ちんちろ りん
ガチャ ガチャ ガチャ ガチャ くつわ むし あれ すず むし も
あと から

むし も なきだし た りん りん りん りん りーん りん あきの よながを
うまお い おいついて ちょん ちょん ちょん ちょん すいっ ちょん

なき とおす ああ おもしろい むしのこえ

  手づくり楽器であそぼう①

他にも音が鳴るものや楽器になりそうなものを探してみよう。

＜ペットボトル、空容器などを使って＞
歌いながら「チンチロ」「リンリン」「キリキリ」「ガチャガチャ」「チョンチョン」と、最後の「むしのこえ」で手づくり楽器を鳴らす。

←テープなどで固定する。

空のペットボトルや2つ合わせた空容器などの中に、どんぐりなど秋の実を入れ、手づくり楽器をつくる（どんぐりの実などがなければビーズやお米などでもよい）。

 手づくり楽器であそぼう②

＜身のまわりにあるものを使って＞
違う音がする手づくり楽器を5種類つくり、それぞれの虫の声に合わせて楽器を鳴らす。

♪チンチロ	♪リンリン	♪キリキリ	♪ガチャガチャ	♪チョンチョン
		 ブロック　段ボール	ブロック	箱のフタに輪ゴム
缶を棒でたたく。	鈴をペットボトルなどの容器に入れて振る。	段ボールの凹凸部分やブロックなどを棒でこする。	空き箱などにブロックやビーズのような小さいものを入れて、手でかき混ぜたり、振ったりして音を出す。	箱にゴムをかけて、ゴムを弾く。

9月
10月
11月
12月
1月
2月
3月
日本のわらべうた＆世界のこどもうた
今月のうた
クラシック＆ディズニー
お話

 全身で表現あそびをしよう

虫の声のところは、指合わせだけでもOK!
他にどんな動作ができるか考えてみよう。

＜1番＞

❶ あれまつむしが　ないている

足踏みをする。または歩く。

❷ チンチロ　チンチロ　チンチロリン

♪チンチロ　♪チンチロ
♪チンチロ　♪リン

両手を胸の前で、
右左に2回振る。

❸ あれすずむしも　なきだした

❶ と同じ。

❹ リンリン　リンリン　リーンリン

♪リンリン
くる　くる

両手の人差し指を立てて、顔の横で
4回まわす。ひざも一緒に。

❺ あきのよながを　なきとおす

♪あきの　♪よながを

ケンケン　ケンケン

右左交互に、2回ずつケンケンする。
この動作を2回。

❻ ああおもしろい

パン！
パン！
パン！
パン！

7回手拍子する。

❼ むしのこえ

両手を外側に大きくまわしてから
「え」で両耳に手をそえる。

＜2番＞

❽ キリキリキリキリ　こおろぎや

♪キリ　キリ…

両手を交互に上下させる。

❾ ガチャガチャ　ガチャガチャ　くつわむし

♪ガチャガチャ…

両手の指を曲げて、手首をひねる。

❿ あとからうまおい　おいついて

❶ と同じ。

⓫ チョンチョン　チョンチョン　スイッチョン

♪チョンチョン…　♪スイッチョン

両手を斜めに2回上下させ、「スイッチョン」で
片足立ちし、上げた足を斜めに伸ばす。

⓬ あきの　〜　むしのこえ

❺ 〜 ❼ と同じ。

2〜5歳児

ぼくのミックスジュース

作詞：五味太郎　作曲：渋谷 毅

おはようさんの なかよしの おおごえと おたがいさま
ともだちの それでね の おたがいさま ごえんなら
あのねー それでね おおたか おはえし と

キラキラキラ らのた おおひさまと とと
キスカンわか おおふろの おおいいきもち と
それに ゆうべ の こわいゆめ を
それに けんかの すりきず を
それに ひざこぞうの すりきず を

みんな ミキサーに ぶちこんで
｛ あひよ さるる ははは ｝
ミックスジュー ス ミックスジュー ス

ミックスジュー ス

こいつを ググッと のみほせば
｛ きょうは いいこと ある かもね しか
なんでも いかでも あいいちょうな
あとは ぐっすり ゆめ の な ｝

椅子にすわってあそぼう

❶ おはようさんの

腕を振る。

❷ おおごえと

両手を上にあげてキラキラさせる。

❸ キラキラキラの 〜 ぶちこんで

❶❷ を3回。

❹ あさは

両手で右左交互にももをたくさんたたく。

❺ ミックスジュース 〜 のみほせば

両足鳴らし2回・手拍子2回。この動作を6回。

❻ きょうはいいことある

胸の前で手を交差しストップする。

❼ かも ね

首で右左にリズムをとる。

 ❺ の動作のいろいろなバリエーションを考えてみよう。
例：もも打ち1回・手拍子1回・指鳴らし2回。この動作を6回

 **2人組であそぼう**

ずっと目を合わせたままあそんでみよう。

準備：2人組で向かい合う　基本は「椅子にすわってあそぼう」と同じ動作。

❺ ミックスジュース　〜　のみほせば

♪ミッ　　　　　♪クス　　　　　♪ジュース

もも打ち1回・手拍子1回・手合わせ2回。この動作を6回。

❻ きょうはいいことある

手をつないでストップする。

❼ かもね

♪かも　　♪ね

手をつないだまま、見つめ合って首でリズムをとる。

 まわしてあそぼう

腰や肩、手首、口などいろいろなところを振ったりまわしたりしてみよう。

基本は「椅子にすわってあそぼう」と同じ動作。

＜首ver.＞

❹ あさは

プル　プル

首を右左に素早く振る。

❺ ミックスジュース　〜　のみほせば

ぐるり

首を右から左、左から右にぐるりと6回まわす。

＜目ver.＞

❹ あさは

キョロ　キョロ

顔を動かさず、目だけ右左に素早く動かす。

❺ ミックスジュース　〜　のみほせば

ぐるり

目を右から左、左から右にぐるりと6回まわす。

＜ひざver.＞

❹ あさは

パン！　パン！

ひざを素早く離したりくっつけたりする。

❺ ミックスジュース　〜　のみほせば

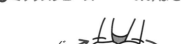

ぐるり

ひざを合わせて右から左、左から右に6回まわす。

9月
10月
11月
12月
1月
2月
3月
日本のわらべうた＆世界のこどもうた
今月のうた
クラシック＆ディズニー
お話

9月
10月
11月
12月
1月
2月
3月
日本のわらべうた&世界のこどもうた
今月のうた
クラシック&ディズニー
お話

0〜5歳児

やきいもグーチーパー

作詞：阪田寛夫　作曲：山本直純

や　き　い　もや　き　い　も　お　な　か　が　グー　　ほ　か　ほ　かほ　か　ほ　か　あ　ちち　のチー

た　べ　た　らな　く　な　る　な　ん　に　も　パー　それ　や　き　い　もまと　めて　グー　チー　パー

 基本のあそび方　 歌の後に「じゃんけんポン」であそんでもいいね。

❶ やきいも　やきいも　おなかが

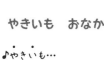

両手をグーにして右左に振る。

❷ グー

両手をグーのまま、おなかにあてる。

❸ ほかほか　ほかほか　あちちの

両手を胸の前で上に向けて、右左交互にグーパーする。

❹ チー

両手をチョキにする。

❺ たべたら　なくなる　なんにも

両手をチョキのまま手のひらを内側に向け、右左交互に口に運ぶ。

❻ パー

両手をパーにする。

❼ （それ）やきいも　まとめて

4回手拍子する。

❽ グーチーパー

両手でグー、チョキ、パーを出す。

足でもグーチョキパー

足のじゃんけんあそびも楽しめるようになるよ。

❶ やきいも　やきいも
　おなかが
❷ グー
❸ ほかほか　ほかほか
　あちちの
❹ チー
❺ たべたら　〜
　なんにも

その場でケンケンする。
手と足でグーの形をつくる。
❶と同じ。
手と足でチョキの形をつくる。
❶と同じ。

❻ パー
❼ (それ) やきいも　まとめて
❽ グーチーパー

手と足でパーの形をつくる。
その場で歩いてまわる。
歌詞に合わせて❷❹❻をする。

スキンシップであそぼう

ゆっくり歌ったり、超高速で歌ったり、強弱をつけながら動作するとより楽しいよ。

準備：保育者の足の上に、向かい合わせになるように子どもをのせて、子どもの両手を持つ。

❶ やきいも　〜　おなかが
❷ グー
❸ ほかほか　〜　あちちの
❹ チー

つないだ両手を右左に振る。
両手を合わせて、子どものおなかにあてる。
❶と同じ。
保育者の顔を近づけながら、顔の前で両手を合わせる。

❺ たべたら　〜　なんにも
❻ パー
❼ (それ) やきいも　まとめて
❽ グーチーパー

子どもの手を保育者の口元に近づけて、食べるまねをする。
両手を広げる。
❶と同じ。
歌詞に合わせて❷❹❻をする。

9月
10月
11月
12月
1月
2月
3月
日本のわらべうた&世界のこどもうた
今月のうた
クラシック&ディズニー
お話

0〜5歳児

シャベルでホイ

作詞：サトウハチロー　作曲：中田喜直

歌詞：
シャベルでホイ　ホイホイホイ　せんせんむすんで　こめがとれ　ホイホイホイ
ももももち　ぐぐぐか　らららみ　ののち　おおがよ　じじっこ　ささこう　んんのの

みやいみ　ちすちち　ぶまねぶ　しずんし　んにせん
そら　ホイ　どっ　こい　ざっ　くり　ホイ

 スキンシップであそぼう　

変則的に跳ね上がるのが楽しい！

準備：保育者の足の上に、向かい合わせになるように子どもをのせる。

❶ シャベルでホイ　せっせこホイ

両手をつないでリズムをとり、「ホイ」でひざを曲げて
子どもを弾ませる。

❷ もぐらのおじさん　みちぶしん

大きくひざを曲げ、右左交互に子ども
をゆらす。

❸ そらホイ　どっこい　ざっくりホイ

❶と同じ動作で、「ホイ」「こい」で子どもを弾ませる。

「ホイ」「こい」の言葉であそぼう

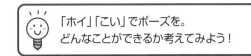

「ホイ」「こい」でポーズを。
どんなことができるか考えてみよう!

＜しゃがむver.＞

❶ シャベルでホイ　せっせこホイ

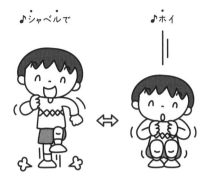

♪シャベルで　♪ホイ

足踏みをしてから「ホイ」だけしゃがむ。

❷ もぐらのおじさん　みちぶしん

好きなところを歩く。

❸ そらホイ　どっこい　ざっくりホイ

♪そら　♪ホイ

❶と同じで、「ホイ」「こい」でしゃがむ。

＜ジャンプver.＞

❶ シャベルでホイ　せっせこホイ

♪ホイ

ピタッ!　ピョン!

気をつけしてから「ホイ」だけジャンプする。

❷ もぐらのおじさん　みちぶしん

気をつけのまま絶対に動かない。

❸ そらホイ　どっこい　ざっくりホイ

♪ホイ

❶と同じで、「ホイ」「こい」だけジャンプする。

＜すわったままver.＞

❶ シャベルでホイ　せっせこホイ

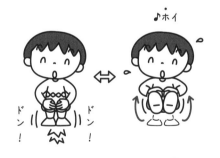

♪ホイ

ドン!　ドン!

すわったまま両足で床をたたき、「ホイ」
で足を上げて合わせる。

❷ もぐらのおじさん　みちぶしん

ぐる　ぐる

おしりをつけたままその場でまわる。

❸ そらホイ　どっこい　ざっくりホイ

♪ホイ

ドン!　ドン!

❶と同じで、「ホイ」「こい」で足を
上げて合わせる。

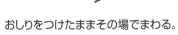

「ホイ」「こい」だけ歌わないであそぼう

「ホイ」「こい」の歌詞だけ歌わずに、
手拍子やカスタネットをたたく。

9月
10月
11月
12月
1月
2月
3月
日本のわらべうた&世界のこどもうた
今月のうた
クラシック&ディズニー
お話

1～5歳児

大きな栗の木の下で

作詞：不詳　イギリス民謡

おおきなくりの　きのしたで　あなーたとわたし

なかよく　あそびましょう　おおきなくりの　きのしたで

 **基本のあそび方**

 1歳児から語尾を歌ったり、指差しをしたりしてあそべるよ。

❶ おおきなくりの

両手を横に広げて「くりの」で頭の上で
指先を合わせて栗の形をつくる。

❷ きのしたで

「きの」で頭、「した」で肩に手を当ててから、「で」で気をつけをする。

❸ あなたと

右手の人差し指を出して
2回振る。

❹ わたし

自分の鼻を2回指す。

❺ なかよく

右左の順に胸の前で交差する。

❻ あそびましょう

右左に体を傾ける。

❼ おおきなくりの　きのしたで

❶❷と同じ。

替え歌でいろいろな木になろう

 お散歩したときに、どんな木があるか探してみよう。

いろいろな木の名前を入れて替え歌にしてあそぶ。
基本は「基本のあそび方」と同じで、それぞれの木の名前に合わせた動作。

＜ヤナギver.＞ ふるえるような声で歌う。

♪おおきなヤナギの　きのしたで
　あなたと　わたし
　なかよく　あそびましょう
　おおきなヤナギの　きのしたで

「ヤナギ」の歌詞は、両手を
頭の斜め上からヒラヒラさせながら下ろす。

＜イチョウver.＞
左手で鼻をつまんで歌う。

「イチョウ」の歌詞は、右手4本指を
顔の前でパタパタさせる。
※ギンナンの臭いについて、
　事前に子どもに説明しましょう。

＜スギver.＞
高い声で歌う。

「スギ」の歌詞は、顔を上げて頭の上
で両手を伸ばす。

＜クスノキver.＞
低い声で大きくゆっくり動いて歌う。

「クスノキ」の歌詞は、胸の前で大きな
丸をつくる。

＜みかんver.＞

♪おおきなみかんの　きのしたで
　あなたと　わたし
　なかよく　たべましょう
　おおきなみかんの　きのしたで

＊「みかん」の歌詞は、胸の前で手で丸をつくる。
＊「たべましょう」の歌詞は、食べるまねをする。

☆「みかん」以外にも「りんご」や「かき」など
　木になる果物を探しましょう。

♪みかんの　　　　♪たべましょう

＜大・中・小ver.＞
それぞれの木のサイズを、大・中・小に替えて、振りの動作に変化を加えると、さらにさまざまなアレンジができます。
例：♪ちゅうくらいのヤナギの　きのしたで ～
　　♪ちいさなイチョウの　きのしたで ～

 絵をかいてあそぼう

大きな木ではないけれど、栗の実が2個描けるよ。

① ♪おお きな くりの
② ♪きの した で
③ ♪あなたと ④ わた し
⑤ ♪な ⑥ か ⑦ よ ⑧ く
⑨ ♪あそ びま ⑩ しょう
⑪ ♪おお きな ⑫ くりの
⑬ ♪きのした ⑭ で―

1〜5歳児

こぶたぬきつねこ

作詞・作曲：山本直純

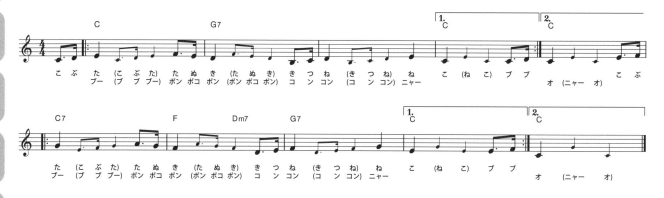

こぶた（こぶた）たぬき（たぬき）きつね（きつね）ねこ（ねこ）ブブ　オ（ニャーオ）こぶ
ブー（ブブブー）ポンポコポン（ポンポコポン）コンコン（コンコン）ニャー

た（こぶた）たぬき（たぬき）きつね（きつね）ねこ（ねこ）ブブ　オ（ニャーオ）
ブー（ブブブー）ポンポコポン（ポンポコポン）コンコン（コンコン）ニャー

 基本のあそび方　　1歳クラスからまねっこしてあそべるよ。

追っかけの歌詞に合わせてそれぞれの動物の動作をする。

❶ こぶた（こぶた）

♪こぶた（こぶた）

指で鼻を持ち上げる。

❷ たぬき（たぬき）

♪たぬき（たぬき）

手で右左交互におなかをたたく。

❸ きつね（きつね）

♪きつね（きつね）

指で目を吊り上げる。

❹ ねこ（ねこ）

♪ねこ（ねこ）

両手をグーにして、顔の横で広げる。

替え歌で擬音を楽しもう

動物の名前や鳴き声のところに、物の名前と擬声語、擬音語、擬態語などを入れて、いろいろなバージョンを考える。

＜お菓子ver.＞　　☆動作もつけて！

＜例＞　柿の種：ヒーヒー

アイス：ペロペロ　　　ドーナッツ：ワワワ
チョコレート：トロリ　　ポテトチップス：パリパリ
おせんべい：ばりばり　　ケーキ：ムシャムシャ
　　　　　　　　　　ゼリー：ちゅるちゅる　など

＜果物の色ver.＞　　☆同じ色をみつけよう！

＜例＞　　いちご：あか

あか

バナナ：きいろ　　みかん：オレンジ
　　　　　　メロン：きみどり　など

2人組でげんこつであそぼう

げんこつの手合わせに挑戦！

準備：2人組になり、手をげんこつにして向かい合う。

❶ こぶた（こぶた）

♪こぶた トン！ トン！

両手で2回手合わせ。
この動作を2回。

❷ たぬき（たぬき）

♪たぬ → ♪き
右手　　　左手

右左の順で、片手合わせ。
この動作を2回。

❸ きつね（きつね）

♪きっ ♪ね コン！ コン！

1人で右左の順に顔を向けて
咳き込むまね。この動作を2回。

❹ ねこ（ねこ）

♪ね ぐるり → ♪こ

その場で素早くまわってから「こ」で両手合わせ。この動作を2回。

絵をかいてあそぼう

それぞれの動物が顔・耳・目・鼻口の順で、一気にできあがり！

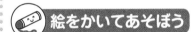

♪こぶた（こぶた）
❶

♪たぬき（たぬき）
❷

♪きつね（きつね）
❸

♪ねこ（ねこ）
❹

♪ブブブー（ブブブー）
❺　❻

♪ポンポコポン（ポンポコポン）
❼　❽

♪コンコン（コンコン）
❾　❿

♪ニャーオ（ニャーオ）
⓫　⓬

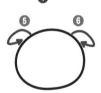 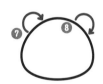

♪こぶた（こぶた）
⓭　⓮

♪たぬき（たぬき）
⓯　⓰

♪きつね（きつね）
⓱　⓲

♪ねこ（ねこ）
⓳　⓴

♪ブブブー（ブブ ブー）
㉑　㉒

♪ポンポコポン（ポンポコポン）
㉓　㉔

♪コンコン（コン コン）
㉕　㉖

♪ニャーオ（ニャー オ）
㉗　㉘

4・5歳児

線路は続くよどこまでも

作詞：佐木　敏　アメリカ民謡

せ ん ろ は つ づ く よ　ど こ ま で も も　の を こ え や ま こ え を
せ ん ろ は う た く　よ　ど い つ ま で も　れ 一っしゃ の ひ び き

た お に い こ か え け て　は る リ ズ か な ム に ま あ ち わ ま せ せ て　で ぼ ぼ く く た た ち ち の も
た の し い た び の ゆ め　つ な い で る よ

ランラランラランラランラランラランラ（Fine）

ランラランラランランラン　ランラランラランラランラランラランラランラ（D.C.）

人数合わせゲームをしよう

ピアノを弾いてあそぶときは、❷で人数が組めるまで、フレーズの最後の言葉の音だけ長く弾いて待とう。

1人で汽車になって好きなところを走る（または歩く）。
保育者がフレーズごとに声掛けをして、汽車の列の人数を変化させるあそび。

❶ せんろはつづくよ　どこまでも

1人で汽車になって好きなところを走る。

❷ 『○人組』

2人組

保育者が組む人数を言う（1人〜クラスの人数）。

❸ のをこえ　〜　つないでる

❹ ランラ　〜　ランララン

❶❷を3回。言った人数に合わせて縦1列になって好きなところを走る。

列の汽車のまま、足を右・右・左・左の順に出してから、前・後ろ・前・前・前の順にジャンプする。この動作を2回してから、最後に両手を上でキラキラさせる。

 **クロスで手合わせしよう**

はじめは、両手クロスなしであそび、できるようになったらクロスに挑戦！

準備：2人組で向かい合う。

❶ せんろはつづ

パン！パン！パン！パン！

両手をクロスさせて、ひざを4回たたく。

❷ くよ

パン！パン！パン！パン！

両手をクロスさせて、胸を4回たたく。

❸ どこまで

パン！パン！パン！パン！

4回手拍子する。

❹ も

パン！パン！パン！パン！

両手をクロスさせたまま、4回手合わせする。

❺ のをこえ　やまこえ　たにこえて

❶〜❹と同じ。

❻ はるかなまちまで　ぼくたちの

両手をクロスさせたまま、ひざ2回、胸2回、手拍子2回、クロス手合わせ2回をする。この動作を2回。

❼ たのしいたびのゆめ　つないでる

両手をクロスさせたまま、ひざ1回、胸1回、手拍子1回、クロス手合わせ1回をする。この動作を4回。

❽ ランラ　〜　ランララン

汽車になって好きなところを歩く。
または、別の人を見つけて、2番は違う人とする。

9月
10月
11月
12月
1月
2月
3月
日本のわらべうた＆世界のこどもうた
今月のうた
クラシック＆ディズニー
お話

9月
10月
11月
12月
1月
2月
3月
日本のわらべうた&世界のこどもうた
今月のうた
クラシック&ディズニー
お話

0・1・3・4・5歳児

まつぼっくり

作詞：広田孝夫　作曲：小林つや江

まつ ぼっ くり が あっ た と さ　たかい おやまに あっ た と さ

ころころ ころころ あっ た と さ　おさるが ひろって たべた と さ

 **全身であそぼう**

💡 はじめはゆっくり歌いながら動いてみよう！
❶❷を全部手拍子にしてもOK。

❶ まつぼっくりが

♪まつ　♪ぼっ　♪くり
パン！

1呼間ずつで、両手で床・肩・頭の上を1回ずつたたく。

❷ あったと

1呼間ずつで、床・肩を1回ずつたたく。

❸ さ

片足立ちで、両手を胸の前から左右に開く。

❹ たかい 〜 あったとさ

❶〜❸と同じ。

❺ ころころころころ

かいぐりをしながら、その場で走ってまわる。

❻ あったとさ

❷❸と同じ。

❼ おさるが 〜 たべたとさ

❶〜❸と同じ。

「さ」のポーズであそぼう

基本は「全身であそぼう」と同じ動作。❸をいろいろ変化させてあそぶ。

しゃがむ

ピョン！

ジャンプ

ポーズ

 **スキンシップであそぼう**

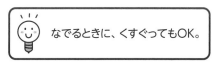 なでるときに、くすぐってもOK。

＜手ver.＞
準備：保育者の足の上に、向かい合わせになるように子どもをのせて、子どもの両手を持つ。

❶ まつぼっくりが　あったと

♪まつぼっくり…

子どもの手を、1呼間ずつ右左交互にひっぱる。

❷ さ

ぎゅう

子どもを抱きしめる。

❸ たかいおやまに　あったとさ

❶❷と同じ。

❹ ころころころころ　あったと

なで
なで

抱き寄せたまま背中をなでまわす。

❺ さ

❷と同じ。

❻ おさるがひろって　たべたとさ

❹❷と同じ。

＜足ver.＞
準備：子どもを寝かせて、保育者が足を持つ。

❶ まつぼっくりが　あったと

♪まつぼっくり…

子どもの足を、1呼間ずつ右左
交互に曲げ伸ばしする。

❷ さ

両足を曲げて、保育者の顔を
子どもの顔に近づける。

❸ たかいおやまに　あったとさ

❶❷と同じ。

❹ ころころころころ　あったと

なで
で
なで
で

子どものおなかを円を描くようになでる。

❺ さ

❷のように顔を近づける。

❻ おさるがひろって　たべたとさ

❹❺と同じ。

9月
10月
11月
12月
1月
2月
3月
日本のわらべうた&世界のこどもうた
今月のうた
クラシック&ディズニー
お話

0・1・2・4・5歳児

もみじ

作詞：古村徹三　作曲：日本教育音楽協会

あかい　あかい　もみじの　は　もみじの　はっぱは　きれいだ　な

ぱっと　ひろげた　あかちゃん　の　おてての　ようで　かわいい　な

 **手であそぼう**

グーパーを一緒に出したり、親指を離してクロスすると簡単になるよ。

準備

両手の親指をつける。

❶あかいあかい　もみじのは

♪あかい　♪あかい

2呼間ずつで右手パー、左手グーにして、次の「あかい」は反対。この動作を2回（両手ともグーパーでもよい）。

❷もみじのはっぱは　きれいだな

♪もみ　♪じの

❶の動作を1呼間ずつで4回。

❸ぱっと　ひろげた

♪ぱっと　♪ひろげた　ヒラ　ヒラ

親指をつけたまま両手を返し、クロスさせてからヒラヒラさせる（ちょうちょをつくる）。（手を離してもよい）

❹あかちゃんの

♪あかちゃん　♪の

手の向きを元にもどす。

❺おてての　ようで　かわいいな

❸❹と同じ。

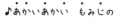 **スキンシップであそぼう** 子どもの手で大人の顔にたくさんふれるようにしよう。

準備：保育者の足の上に、向かい合わせになるように子どもをのせて、子どもの両手を持つ。

❶ あかいあかい　もみじの

♪あかいあかい　もみじの

子どもの手で大人のほっぺを6回たたく。

❷ は

子どもの手で大人の目を隠す。

❸ もみじのはっぱは　きれいだな

❶❷と同じ。

❹ ぱっと　ひろげた　あかちゃんの

♪ぱっと…　　♪あかちゃんの

顔を出してから、子どものおでこにくっつける。

❺ おててのようで

子どもをくすぐる。

❻ かわいいな

ぎゅっと抱きしめる。

 絵をかいてあそぼう 自分のおてての形がもみじに変身。
おとなのもみじは大きいかな？

❶ ♪あかいあかい

❷ ♪もみ　じの　は

❸ ♪もみじの　はっぱは

❹ ♪きれ　いだ　な

❺ ♪ぱっとひろげた

❻ ♪あか　ちゃん　の　ー

❼ ♪おて　ての　ようで

❽ ♪かわ ❾ いい ❿ な

3〜5歳児

どんぐりころころ

作詞：青木存義　作曲：梁田 貞

どん ぐ り こ ろ こ ろ　どん ぶ り こ	おいけにはまって さあたいへん	
どん ぐ り こ ろ こ ろ　よ ろ こ ん で	しばらくいっしょに あそんだが	

どじょうがでてきて こんにちは
やっぱりおやまが こいしいと

ぼっちゃんいっしょに あそびましょ
ないては どじょうを こまらせた

   **グーチョキパーであそぼう**

💡 グーチョキパー以外にも、3つの好きな
ポーズであそんでみよう。

❶ どんぐりころころ　どんぶりこ

グー　　　チョキ　　　パー

「どんぐり」でグー、「ころころ」でチョキ、「どんぶりこ」でパーの
形を手と足でつくる（手だけでもよい）。

❷ おいけにはまって　さあたいへん

❶と同じ。

❸ どじょうが　〜　いっしょに

手拍子しながらその場でジャンプしてまわる。

❹ あそびましょう

かいぐりしてから、「しょう」でグーチョキパーの
中から好きな形をつくる。

 替え歌でどんぶりをつくろう

 ⑧の「どん！」は思いっきりドン。
他にどんなどんぶりがあるかな？

準備：2人組になり横に並ぶ。

♪どんぶりころころ　どんぶりこ
　かつ丼　牛丼　親子丼
　どじょうが出てきて　柳川丼
　さあさあ　みんなで　どんけつどん！

❶ どんぶり

胸の前でどんぶりの形をつくる。

❷ ころころ

かいぐりする。

❸ どんぶりこ

❶の後、「こ」でおしりを
ぶつける。

❹ かつどん　ぎゅうどん
**　おやこどん**

❶の後、「どん」でおしりをぶつける。
この動作を3回。

❺ どじょうがでてきて

両手を合わせ、下から
上へクネクネさせる。

❻ やながわどん

❹と同じ。

❼ さあさあ
**　みんなで**

4回手拍子。

❽ どんけつどん！

❹と同じ。

🖍 **絵をかいてあそぼう**

 「こ」や「へん」のところは、軽いタッチで頭を描こう

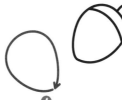

❶♪どん　ぐり　ころ　ころ　　❷♪どん　ぶり　　❸♪こ　　❹♪おい　けに　はまって　　❺♪さあたい　❻へん

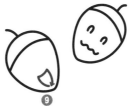

❼♪どじょうがでて　きて　　❽♪こんにち　は　　❾ぼっ　ちゃん　いっしょに　　❿あそびま　しょう

9月
10月
11月
12月
1月
2月
3月
日本のわらべうた＆世界のこどもうた
今月のうた
クラシック＆ディズニー
お話

9月
10月
11月
12月
1月
2月
3月
日本のわらべうた&世界のこどもうた
今月のうた
クラシック&ディズニー
お話

2～5歳児

しょうじょうじのたぬきばやし

作詞：野口雨情　作曲：中山晋平

しょう　しょう　しょうじょうじ　しょうじょうじの　にわは　つ　つ　つきよだ
しょう　しょう　しょうじょうじ　しょうじょうじの　はぎは　つ　つ　つきよに

みん　なでて　こいこいこい　おい　らの　とも　だれちゃって｜ぽんぽこぽんの　ぽん　Fine
は　ななざか　りこいこいこい　おい　らは　とも　かれて

まけるな　まけるな　おしょうさんに　まけるな　こ　いこいこい　こいこいこい　みん　なでて　こいこいこい　D.C.

 替え歌で変身しよう

子どもたちのリクエストをどんどん歌詞に入れて変身あそびを楽しもう。

♪しょう　しょう　しょうじょうじ　しょうじょうじのにわで
　つ　つ　つきよに　みんなでて　（音楽ストップ）
　○○になって　ドロンパ！

❶～❸しょう　しょう　～　みんなでて

基本は右頁の「たぬきになってあそぼう」と同じ動作。
（ただし「こいこいこい」はストップ）

❹○○になって　ドロンパ！

☆1・2歳クラスは、アンパンマンなどのキャラクターにしても盛り上がります。
☆保育者は子どもたちと一緒に変身したり、変身がうまくできるようにほめてあげたりしましょう。

「○○になって」：○○に動物の名前を入れて、胸の前でかいぐりしてから、「ドロンパ！」で忍者のポーズをとる。

❺～❼音楽をBGMにし、変身した動物になって好きに動きまわる。

<例>　　　「うさぎさんになって　ドロンパ！」　　　「おさるさんになって　ドロンパ！」　　　「ぞうさんになって　ドロンパ！」

 たぬきになってあそぼう 　 2人組であそぼう 　 2人組ver.❻ は、❺ と同じでもOK。

※同時に2人組ver.も紹介（右囲み）　この曲は❶～❼、❶～❹で終わる。

❶ しょう ～ にわは

8回手拍子する

向かい合って手をつなぎ、シーソーのように
バランスを取り、右左に大きく2回ゆれる。

❷ つ つ つきよだ

その場で4回小さくジャンプ
しながらまわる。

手をつなぎ、交互にひっぱる。

❸ みんなでて　こいこいこい

両手を胸の前から開いて上に上げ、
「こいこいこい」で、頭の上で3回手招きする。

しゃがんでからジャンプし、「こいこいこい」で頭の上で
3回手招きする。

❹ おいらのともだちゃ　ぽんぽこ　ぽんの　ぽん

腹鼓を打つように、おなかを8回たたく。

おなかをたたきながら、1人でその場で歩いてまわり、
最後の「ぽん」でグーのまま手合わせする。

❺ まけるな ～ まけるな

片手を肩から
ぐるぐるとまわす。

両手を合わせて、右左
交互に4回押し合いする。

❻ こい ～ こい

❺とは反対の
手をまわす。

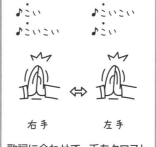

歌詞に合わせて、手をクロスし
右左交互に2回手合わせする。

右手　左手

❼ みんなでて
こいこいこい

❸と同じ。

39

9月
10月
11月
12月
1月
2月
3月
日本のわらべうた&世界のこどもうた
今月のうた
クラシック&ディズニー
お話

3〜5歳児

たき火

作詞：巽 聖歌　作曲：渡辺 茂

かきねの　かきねの　まがりかど
たきびだ　たきびだ　おちばたき
あたろうか　あたろうよ
きたかぜ　ぴいぷう　ふいている

さざんか　さざんか　さいたみち
たきびだ　たきびだ　おちばたき
あたろうか　あたろうよ
しもやけ　おててが　もうかゆい

　指であそぼう

簡単にするには、ゆっくりなテンポで。

＜指を曲げるver.＞

❶ かきねの　かきねの

歌詞に合わせて、両手の親指から薬指まで1本ずつ順に曲げる。この動作を2回。

❷ まがりかど

親指から小指まで順に曲げる。

❸ たきびだ　たきびだ　おちばたき

❶❷と同じ。

❹ あたろうか　あたろうよ

手を合わせてこする。

❺ きたかぜ　ぴいぷう　ふいている

❶❷と同じ。

＜難しいver.＞

❺で、小指から人差し指まで曲げる動作を2回。「ふいている」で全部の指を曲げる。

＜指を合わせるver.＞

基本は「指を曲げるver.」と同じ動作。

❶ かきねの　かきねの

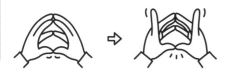

両手を合わせてから、歌詞に合わせて、両手の親指から薬指まで順に合わせる。この動作を2回。

❷ まがりかど

親指から小指まで順に合わせる。

❸〜❺たきびだ　〜　ふいている

❶❷と上記❹の動作と同じ。

 円であそぼう

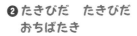 最後におしくらまんじゅうをしてもいいね。

準備：手をつないで円になる。

❶ かきねの　かきねの　まがりかど

横歩きで8歩、右に歩く。

❷ たきびだ　たきびだ　おちばたき

横歩きで8歩、左にもどる。

❸ あたろうか　あたろうよ

円の中心に向かって歩いて4歩入り、元の位置に4歩もどる。

❹ きたかぜ　ぴいぷう　ふいている

ひっぱりっこしてから「る」で両手を上げる。

☆❹をいろいろな動作に変化させてみましょう。

<❹の簡単ver.>

2呼間ずつ、両手を上げてからしゃがみ、続いて1呼間ずつで上下。

<❹の難しいver.>

「きたかぜぴいぷう」で両隣の人と4回手合わせ。
「ふいてい」でジャンプしながら円の中外中の順に向き、「る」で両手を上げる。

9月
10月
11月
12月
1月
2月
3月
日本のわらべうた＆世界のこどもうた
今月のうた
クラシック＆ディズニー
お話

9月
10月
11月
12月
1月
2月
3月
日本のわらべうた&世界のこどもうた
今月のうた
クラシック&ディズニーT
お話

3〜5歳児

カレーライスのうた

作詞：ともろぎゆきお　作曲：峯 陽

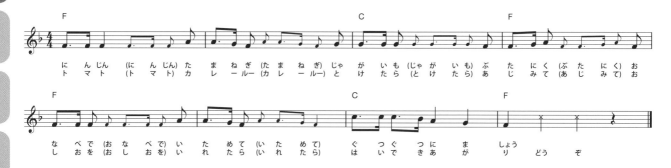

にんじん（にんじん）たまねぎ（たまねぎ）じゃがいも（じゃがいも）ぶたにく（ぶたにく）おお
トマト（トマト）カレールー（カレールー）とけたら（とけたら）あじみて（あじみて）おお

なべで（おなべで）いれ ためて（いためて）ぐは つい ぐつにあ まが しょう り どうぞ
しおを（おしおを）いれ ためて（いためて）

  替え歌で豚汁をつくろう

💡 具材やメニューなどを子どもたちと考えて、オリジナル料理の替え歌であそぼう。

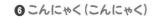

♪にんじん　たまねぎ　じゃがいも　ぶたにく
　ごぼう　こんにゃく　ぐつぐつにましょう
　おだしと　おさけと　おみそで　あじきめ
　しめの　ねぎで　はいできあがり　どうぞ

基本は右頁の「基本のあそび方」と同じ動作（❶〜❹❼⓫⓮）。

❺ ごぼう（ごぼう）

ささがき切りのまねをする。

❻ こんにゃく（こんにゃく）

全身をゆらしてプルプルさせる。

❽❾ おだしと　〜　（おさけと）

左手は鍋の形のまま、右手は軽く握ってお酒を入れるまねをする。

❿ おみそで（おみそで）

左手は鍋の形で、右手はお玉でみそをすくって入れるまねをする。

⓬ しめの（しめの）

両手の人差し指でバツをつくる。

⓭ ねぎで（ねぎで）

右手で左腕を切るまねをする。

基本のあそび方

給食がカレーの日は手あそびをしてから食べよう！

保育者が歌いながら先に動作を行う。子どもたちはまねっこする。

❶ にんじん（にんじん）

両手をチョキにして、
胸の前で右左に振る。

❷ たまねぎ（たまねぎ）

両手で玉ねぎの形をつくる。

❸ じゃがいも（じゃがいも）

両手をグーにして、
横で上下させる。

❹ ぶたにく（ぶたにく）

人差し指で鼻を持ち上げて
ブタの鼻をつくる。

❺ おなべで（おなべで）

胸の前で、両手で鍋の形をつくる。

❻ いためて（いためて）

左手はお鍋の形のまま、
右手で炒めるまねをする。

❼ ぐつぐつにましょう

両手でグーパーしながら交互に上下させる。

❽ トマト（トマト）

両手でトマトの形をつくる。

❾ カレールー（カレールー）

両手の人差し指で四角を
描く。

❿ とけたら（とけたら）

左手は鍋の形をつくり、右手の人
差し指で大きく混ぜるまねをする。

⓫ あじみて（あじみて）

左手は❿のまま、右手の人
差し指でなめるまねをする。

⓬ おしおを（おしおを）

左手は❿のまま、右手で
塩をつまむまねをする。

⓭ いれたら（いれたら）

左手は❿のまま、右手は振り
入れるまねをする。

⓮ はいできあがり　どうぞ

5回手拍子してから、「どうぞ」で両手を返しながら前
に出す。

9月
10月
11月
12月
1月
2月
3月
日本のわらべうた&世界のこどもうた
今月のうた
クラシック&ディズニー
お話

0～5歳児

こぎつね

作詞：勝　承夫　ドイツ曲

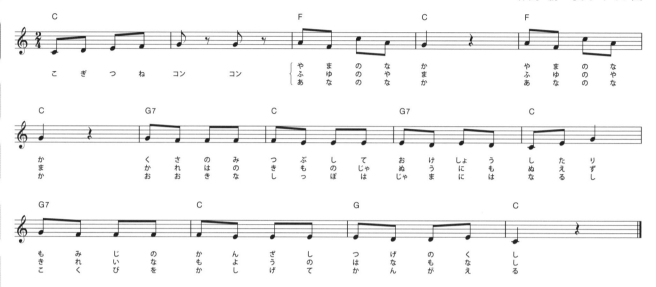

こぎつね　コンコン
やふあ　まゆな　ののの　なやな　かまか
やふあ　まゆな　ののの　なやな
かまか　　　くかお　されお　のはき　みのな　つきし　ぶもっ　しのぼ　てじゃ　おねじゃ　けうま　しょにに　うもは　しぬな　たえる　りずし
もきこ　みれく　じいび　のなを　かもか　んよし　ざうげ　しのて　つはか　げなん　のもが　くなえ　ししる

2人組であそぼう

💡 ❷で、ジャンプで一回転に挑戦！

準備：2人組で向かい合って手をつなぐ。

❶ こぎつね　コンコン

♪こぎつね　コンコン

両手を上下に2回振る。

❷ やまのなか　やまのなか

くるり

手を離し、「やまのなか」でその場で素早くまわる。
次の「やまのなか」で反対まわり。（「か」で手合わせしてもよい）

❸ くさのみつぶして

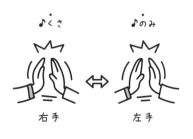

♪くさ　♪のみ

右手　左手

「くさ」で右手、「のみ」で左手を合わせる。この動作を2回。

❹ おけしょうしたり

♪お　♪け

右手　左手

❸を倍の速さで4回。

❺ もみじのかんざし　つげのくし

左手から❸❹と同じ。

  **円であそぼう**

準備：円になり手をつなぐ。

💡 ❹で素早くするのがおもしろい！
きちんとできなくても楽しい。

❶❷ こぎつね ～ やまのなか

♪こぎつね コンコン

「2人組であそぼう」と
同じ動作（❶❷）。

❸ くさのみつぶして

♪くさ ♪のみ

パン！ ⇔ パン！

手拍子してから両隣の人と手を
合わせる。この動作を2回。

❹ おけしょうしたり

❸の倍の速さで4回。

❺ もみじのかんざし
つげのくし

❸❹と同じ。

 スキンシップであそぼう

💡 4・5歳児は子ども同士で挑戦しよう。

準備：子どもと向かい合わせになり、保育者の左手の上に子どもの左手をのせる。

❶ こぎつね　コンコン

♪こぎつね　♪コンコン

親指から薬指まで1本ずつ順に、保育者の指で
包んで指先へと滑らせて抜く。「コンコン」は
小指を2回。

❷ やまのなか　やまのなか

♪やまのなか

子どもの手のひらに、人差し指
で丸を8回描く。

❸ くさのみ　～　つげのくし

♪くさのみ・・・ ♪くし

子どもの左手首から肩、頭、右肩から右
手首へと、人差し指と中指で歩くように
進んでいく。最後に子どもの右手のひ
らに合わせる。

✏️ **絵をかいてあそぼう**

💡 「つげのくし」の「つ」と「し」の文字が、きつねの手に変身！

① ❶♪こぎ つね

② ❷♪コン コン

③  ❸♪やま のな か

④  ❹♪やま のな か

⑤  ❺♪くさのみ

⑥  ❻♪つぶ して

⑦  ❼♪おけしょう したり

⑧⑨  ❽♪もみじの ❾かんざし

⑩⑪  ❿♪つげの ⓫くし

2〜5歳児

クラリネットをこわしちゃった

訳詞：石井好子　フランス曲

 全身であそぼう

 ❺は保育者が軽くおしりをタッチしたり、一緒にハイハイしよう。

❶ ぼくのだいすきな

ひざを4回たたく。

❷ クラリネット

 その場で素早くまわる。

❸ パパからもらった 〜 おとがある

❶❷を3回（反対まわりも）。

❹ どうしよう　どうしよう

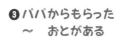

ジャンプしてからしゃがむ。
この動作を2回。

❺ （オ）パキャマラド 〜 パオパオパ

ハイハイで追いかけっこする。

❻ ドとレとミと 〜 でない

＊2番以降、同じメロディーは1番と同じ動作をする。
ただし「ドとレとミと〜」のところは、しゃがんだり立ったりする。

❼ オッ　パ

立ち上がって両手を広げる。

手であそぼう（笛をふいているまね）

 2番以降（❽〜）が難しいときは、❶❷のくり返しでも楽しい！

準備

右手の親指と左手の小指をひっかける。

❶ ぼくのだいすきな
♪ぼくのだいすきな
パー ⇔ グー
顔の前で、笛を吹くように、両手を2回パーグーする。

❷ クラリネット
♪クラ〜リ　♪ネット
手はパーで前に押し出し、グーにしながらもどす。

❸ パパからもらった　〜　おとがある
❶❷を3回。

❹ どうしよう　どうしよう

手はグーで、手首をまわす。

❺ （オ）パキャマラド　〜　パオパオ
❶の動作を3回。

❻ パンパンパン　オ

♪パン　♪パン　♪パン　♪オ
歌詞のリズムに合わせて、素早くパーグーパーグーする。

❼ パキャマラド　〜　パオパオパ
❶をしてから、ストップ。

＊2番以降、同じメロディーは1番と同じ動作をする。

＜2番以降　難しいver.に挑戦！＞

❽ ドとレとミのおと
♪ド　♪レ　♪ミ

指をひっかけたままグーにして、右手の小指から中指まで順に開いていく（右手の小指（ド）、薬指（レ）、中指（ミ））。

❾ がでない
❷と同じ。

❿ ドとレとミのおとがでない
❽❷と同じ。

⓫ とっても　〜　パオパオパ
❶❷を2回した後、❹〜❼と同じ。

⓬ ドとレとミとファとソとラとシのおと
♪ファ　♪ソ　♪ラ　♪シ

❽のように、指を順に開く。（右手の小指（ド）、薬指（レ）、中指（ミ）、人差し指（ファ）、左手の薬指（ソ）　中指（ラ）人差し指（シ））。

⓭ がでない　〜　がでない
❷⓬❷と同じ。

⓮ パパもだいじに　〜　パオパオパ
⓫と同じ。

⓯ オッ　パ
♪オッ　パ
パン！ パン！
手を離して2回手拍子。

スキンシップであそぼう

 歩行が安定しない子どもは、❶❷❸を抱っこで。

準備：子どもと向かい合わせになり、両手をつなぐ。

❶ ぼくのだいすきな
♪ぼくのだいすきな

ピョン！　ピョン！
両手をつなぎ、2回ジャンプ。

❷ クラリネット

ぐるり
子どもだけその場で素早くまわる。

❸ パパからもらった　〜　おとがある
❶❷を3回。

❹ どうしよう　どうしよう
♪どう　♪しょう

2回高い高いをする。

❺ オ　パキャマラド　〜　パオパオパ
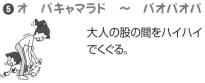
大人の股の間をハイハイでくぐる。

❻ ドとレとミと　〜　でない
♪ドとレとミと…

ピョン！ピョン！ピョン！
＊2番以降、同じメロディーは1番と同じ動作をする。「ドとレとミと〜」のところは、ジャンプする。

❼ オッ　パ
♪オッ　パ

ぎゅう
抱きしめる。

9月
10月
11月
12月
1月
2月
3月
日本のわらべうた＆世界のこどもうた
今月のうた
クラシック＆ディズニー
お話

2～5歳児

山の音楽家

訳詞：水田詩仙　ドイツ民謡

わたしゃおんがくかやまの
こりすぎりきま
すぎりきま
じょじょじょじょ
ずずずずず
ににににに
バピフたそ
イアルいろ
オリンをトを
ひひふたたひ
いいいいい
みみみみみ
てててててて
ままままま
しょうしょう
ううううう
キュポピコタ
キュポピボタ

キュポロンピッポンタン
キュポロンピッポンタン
キュポロンピポンタン
キュポピコタ
キュポピボタ
キュポロンピッポンタン
キュポロンピッポンタン
キュポロンピポンタン
キュポピコタ
キュポピボタ
キュポロンピッポンタン
キュポロンピッポンタン
キュポロンピポンタン
キュポピコタ
キュポピボタ
キュポロンピッポンタン
キュポロンピッポンタン
キュポロンピポンタン
いかーがです

 基本のあそび方

 小さいクラスは、擬音を歌えるだけでOK。まずは楽しく歌おう。

<1番>バイオリン
♪キュキュキュッ…

<2番>ピアノ
♪ボボボロン…

<3番>フルート
♪ピピピッピッ…

<4番>たいこ
♪ボコボンボン…

1～4番までは、歌詞の擬音に合わせてそれぞれの楽器を演奏するまねをする。5番は全部のまねをする。

替え歌でホカホカあそびをしよう

5番のおしくらまんじゅうで子どもが倒れないように注意しよう。

♪わたしゃ　げんきに　あそびます
あそびのまえに　ホカホカしよう
キュキュキュッキュッキュ
キュキュキュッキュッキュ
キュキュキュッキュッキュ
キュキュキュッキュッキュ
いかがです

1～5番まで❶❸の動作は共通。

<1番>
❶（わ）たしゃ 〜 ホカホカしよう

歌いながら腕を振る。

❷（キュキュ）〜　キュッキュッキュ

手をこする。

❸（い）かがです

♪（い）かがです

3回手拍子する。

2番以降、❶の「あそびのまえに」のところの歌詞と❷の動作が変化します。

<2番>
次は　ほっぺを
ホカホカしよう

ほっぺをこする。

<3番>
次は　足を
ホカホカしよう

足をこする。

<4番>
次は　ともだちを　ホカホカしよう

友だちの背中をこする。

<5番>
最後は　みんなで　おしくらまんじゅう

おしくらまんじゅうをする。

全身であそぼう 4組に分かれて、ポーズや動作を相談してもいいね。

1〜5番まで❶❷❺の動作は共通。1人でも5組に分かれてでもよい。

＜1番＞

❶（わ）たしゃおんがくか　やまのこりす

❷（じょ）うずに

❸（バ）イオリン　ひいてみましょう

♪（わ）たしゃおんがくか・・・

右手の人差し指で、自分の鼻を8回指差す。

両手を腰にあてる。

バイオリンを弾くまねをする。

❹（キュキュ）〜　キュッキュッキュ

♪（キュキュ）キュッキュッキュ・・・

キュッ　キュッ　キュッ

弾くポーズのまま、腰を右左に振る。

❺（い）かがです

♪（い）か〜がです

くるり

両手を胸の前で返しながら「す」で前に出す。

2番以降、❸❹の動作を下記のように変化させる。

＜2番＞

ピアノを　〜　ポロン

♪（ポポ）ポロンポロン・・・

ピアノを弾くまねをしてから、
両手の指を右左に動かす。

＜3番＞

フルート　〜　ピッピッピ

♪（ピピ）ピッピッピ・・・

クネ　クネ　クネ

フルートを吹くまねをしてから、
体をクネクネさせる。

＜4番＞

たいこ　〜　ポンポンポン

♪（ポコ）ポンポンポン・・・

ピョン！ピョン！　ピョン！

たいこをたたくまねを
してから、ジャンプする。

＜5番＞

そろえて　〜　タンタンタン

指揮者のまねをしてから、4呼間ずつ、バイオリン・ピアノ・
フルート・たいこの動作を順にする
（5組に分けた場合は、それぞれのポーズをする）。

3〜5歳児

あわてんぼうのサンタクロース

作詞：吉岡 治　作曲：小林亜星

 **基本のあそび方**

1人で演奏しても、4組に分かれて演奏してもOK!

歌いながら下記の歌詞の部分で3種類の楽器と足を鳴らしてあそぶ。

＜1番＞
リンリンリン：
鈴
♪リンリンリン

＜2番＞
ドンドンドン：
足で床を踏み鳴らす
♪ドンドンドン

＜3番＞
チャチャチャ：
カスタネット
♪チャチャチャ

＜4番＞
シャラランラン：
タンバリン
♪シャラランラン

＜5番＞
鈴、
カスタネット、
足、
タンバリンの順に。
最後は全員で一緒に
鳴らす。

 指であそぼう

5番は歌詞の擬音に合わせて
指を替えると難しくなるよ。

*2番以降、同じメロディーは1番と同じ動作をする。
ただし、2番は2本、3番は3本、4番は4本、5番
は5本と、指を増やしていく。

❶ （あわ）てんぼうの
　〜　　やってきた
♪（あわ）てんぼうの

両手の人差し指を
曲げ伸ばしする。

❷ （いそ）いで

指でかいぐりする。

❸ リンリンリン
♪リンリンリン

3回指合わせして
からストップする。

❹ （いそ）いで
　　リンリンリン

❷❸と同じ。

❺ （なら）して
　　おくれよかねを

❶と同じ。

❻ リンリンリン
　　リンリンリン
　　リンリンリン

❸を3回。

全身であそぼう

 床にすわったままあそび、❶ だけお尻で歩いても楽しいね。

1〜5番まで❶❷❺ の動作は共通。

＜1番＞

❶ （あわ）てんぼうの ～ やってきた

走るまねをする。

❷ （いそ）いで

ぐる／ぐる

かいぐりする。

❸ リンリンリン

♪リンリンリン

右手を上げて、3回 ベルを振るまねをする。

❹ （いそ）いで リンリンリン

❷❸と同じ。

❺ （なら）して おくれよかねを

♪（なら）しておくれ…

パン！パン！パン！

7回手拍子する。

❻ リンリンリン リンリンリン リンリンリン

❸ を3回。

2番以降、❸ の動作を下記のように変化させる。

＜2番＞
ドンドンドン

♪ドンドンドン

ピョン！ピョン！ピョン！

両手でガッツポーズをして、3回ジャンプする。

＜3番＞
チャチャチャ

♪チャチャチャ

トン！トン！トン！

おなかを3回たたく。

＜4番＞
シャララランラン

両手を左上から斜め下にヒラヒラさせる。

＜5番＞
リンリンリン ～ ドンシャララン

「リンリンリン」「チャチャチャ」「ドンドンドン」「シャララランラン」の歌詞に合わせて、それぞれの動作をする。

 発表会に発展させよう

 入退場で楽器が鳴らないよう、また登場の仕方を工夫しよう！

4つのグループに分かれ、3グループは楽器（鈴・カスタネット・タンバリン）を持つ。 基本は「全身であそぼう」と同じ動作。

❶ （あわ）てんぼうの ～ やってきた

＜1〜4番＞
入退場して入れ替わる。

＜5番＞
全員出てくる。

❷〜❹ （いそ）いで ～ リンリンリン

＜1〜4番＞
かいぐりしてから、グループ別に楽器や足を鳴らす。

＜5番＞
歌詞に合わせて、グループ別にゆっくりのテンポで。

❺ （なら）しておくれよかねを

＜1〜4番＞
絶対に音を出さない。

＜5番＞
全員で楽器を7回鳴らす。足のグループは手拍子。

❻ （リンリン）リン ～ リンリンリン

＜1〜4番＞
グループ別に楽器や足を鳴らす。

＜5番＞
歌詞に合わせて、グループ別にゆっくりのテンポで。

☆発表会のときは、❻ を2回くり返してから間奏へ。

2〜5歳児

ジングルベル

作詞：宮澤章二　アメリカ民謡

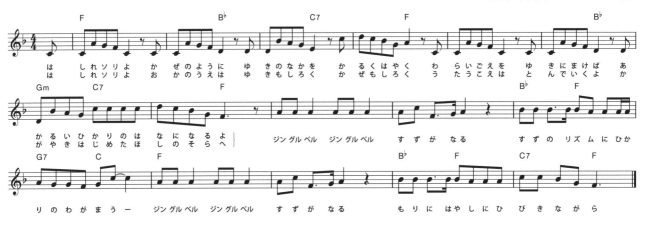

は は しれソリよ／か ぜのように／ゆ きのなかを／か るくはやく／わ らいごえを／ゆ きにまけば／あ か
は し しれソリよ／お かのうえは／ゆ きもしろく／か ぜもしろく／う たうこえは／ゆ とんでいくよ／あか

かるいひかりのは なになるよ／がやきはじめたほ しのそらへ｜ジン グ ル ベル　ジン グ ル ベル　す ず が なる　す ずの リズ ムにひか
りのわがまうー　ジン グ ル ベル　ジン グ ル ベル　す ず が なる　も りに はやしにひ びきながら

 歌ってあそぼう〜交響楽団〜

保育者たちが聞かせてあげるのも素敵。また参観などで❶❷❸のパートを保護者たちが行い、❹を子どもたちが歌うのも楽しいね♪

4組に分かれる（❶ ボーン ❷ リンリン ❸ シュッシュシュ ❹ 歌）。それぞれのリズムを歌で刻む。

❶ ボーン

低めの音で「ボーン」と歌う。ベースを弾いているまね。

❷ リンリン

❶を聞いてから、「リンリン」を重ねる。鈴を鳴らしているまね。

❸ シュッシュシュ

❶❷を聞いた後に、「シュッシュシュ」を重ねる。ギロを弾いているまね。

❹ 歌

❶❷❸を聞いた後に3つのリズムに乗せて「ジングルベル」を歌う。

＜始め方＞

＜終わり方＞
❹歌が終わった後、歌い始めと反対の順に2小節ずつ歌って1組ずつ終えていく。
（❹歌　❸シュッシュシュ×2回　❷リンリンリンリン ×2回　❶ボーン ボーン ×2回 ）

 **全身であそぼう**

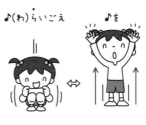 鈴を手首につけてあそんでもいいね。

❶ (は)しれソリよ　〜　かるくはやく

 ♪(は)しれ　 ♪ソリよ

2呼間ずつで、右左の順に、顔を出したりかくしたりする。この動作を4回。

❷ (わ)らいごえを　〜　ひかりの

 ♪(わ)らいごえ　♪を

しゃがんでから両手を上げる。この動作を3回。

❸ (は)なになるよ

 ♪(は)なになるよ　パン！パン！パン！

3回手拍子してから、両手を上げる。

❹ ジングルベル　〜　もりにはやしに

好きなところを歩く（またはスキップする）。

❺ (ひ)びきながら

❸と同じ。

 **2人組であそぼう**

❹で保育者が「○人とタッチ！」と声を掛けて、友だちとタッチしよう。

準備：2人組になって両手を合わせる。

❶ (は)しれソリよ　〜　かるくはやく

 ♪(は)しれソリ　 ♪よ

2呼間ずつで、右左の順に、両手を合わせて、顔を出したりかくしたりする。この動作を2回。

❷ (わ)らいごえを　〜　ひかりの

 ♪(わ)らいごえ　♪を

手を合わせたまま、しゃがんでから両手を上げる。この動作3回。

❸ (は)なになるよ

 ♪(は)なになるよ　パン！パン！パン！

3回手合わせをしてから両手を上げる。

❹ ジングルベル　〜　もりにはやしに

それぞれ好きなところを歩いて（またはスキップして）、最後にまた同じ相手と2人組になる。

❺ (ひ)びきながら

❸と同じ。

 絵をかいてあそぼう

なんと最後にひっくり返すと絵が完成！

❷ 中央をあける

❶♪はしれソリよ　❷かぜのように 〜　❽はなになるよ　❾♪ジングル ベル ジングルベル　❿すずがなる　⓫♪すずのリズムに　⓬ひかりのわがまう

    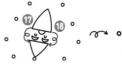

⓭♪ジングル ベル ジングルベル　⓮すずがなる　⓯♪もりに　⓰はやしに　⓱♪ひびきなが　⓲ら〜

サンタクロースのできあがり

2～5歳児

ひいらぎかざろう

訳詞：松崎 功　讃美歌

ひか いらぎ やく かこ ざのよ ろる う ファララララ ラララ は[ハ] れープ ぎに にあ き わ か せ えて て

ファラララ ラ ラ ラ キ[た] ャロ のル しを くう おた どろ うう ファララ ラララ

ラ ラ ラ た[む] のか しし いを こ こし のの とん きで ファララララ ラララ

 全身であそぼう　横1列に並び、緑と赤の手袋をつければ、華やかな発表会にもOK!

❶ ひいらぎかざろう

♪ひいらぎ　♪かざろう

右手をパーにして右斜めに上げる。
左手をパーにして右手の横に上げる。

❷ ファララララ ラララ

ヒラ ヒラ

両手をヒラヒラさせながら、
右上から斜め下に下ろす。

❸ はれぎに ～ ラララ

左から❶❷の動作。

❹ キャロルをうたおう

♪キャロルを　♪うたおう

右左の順に、手を胸の前に出す。

❺ ファラララ ラララ

両手をキラキラさせながら、
その場で歩いてまわる。

❻ たのしいこのとき

♪たのしい　♪このとき

胸の前でクロスするように、右左の
順に手を出す。

❼ ファララララ ラララ

♪ファララ…　♪ラララ…
パン！
パン！
パン！

胸の前から両手をキラキラさせながら開き、
最後は3回手拍子する。

④で手をキラキラさせながらまわってもきれい。

🙌😊 2人組であそぼう

準備：2人組で向かい合う。

❶ ひいらぎかざろう

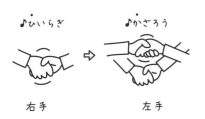

♪ひいらぎ　♪かざろう

右手　　　　左手

右左の順に手をつなぐ。

❷ ファラララララ　ラララ

ぐる　ぐる

手をつないだまま、その場でまわる。

❸ はれぎにきかえて　ファラララララ　ラララ

❶❷と同じ。

❹ キャロルをうたおう　ファラララララ　ラララ

♪キャロルを

くるり　くるり

♪うたおう

パン！パン！

手を離してその場で素早くまわってから、2回手合わせ。この動作を2回。

❺ たのしいこのとき　ファラララララ　ラララ

❶❷と同じ。

🙌🔔 鈴であそぼう

 基本的に鈴は左手に持つが、ここでは
あそび要素も入っているので右手に。

準備：右手に鈴を持つ。

❶ ひいらぎかざろう

♪ひいらぎかざろう

シャン
シャン
シャン
シャン

左手で4回右手首をたたく。

❷ ファラララララ　ラララ

右手を振りながら、内側から大きくまわす。

❸ はれぎに　～　ラララ

❶❷と同じ。

❹ キャロルをうたおう　～　ラララ

音を出さないように鈴を胸につけて、右左にゆれる。

❺ たのしいこのとき　ファラララララ

❶❷と同じ。

❻ ラララ

シャン
シャン
シャン

3回たたく。

9月
10月
11月
12月
1月
2月
3月
日本のわらべうた&世界のこどもうた
今月のうた
クラシック&ディズニー
お話

9月
10月
11月
12月
1月
2月
3月
日本のわらべうた&世界のこどもうた
今月のうた
クラシック&ディズニー
お話

3〜5歳児

お正月

作詞：東　くめ　作曲：滝廉太郎

もう　い　く　つ　ねる　と　お　しょ　う　が　つ

おしょうがつにはは　たこあげ　て　こまをーまわして　あそびましょう
おしょうがつにはは　たまりつ　い　て　おいばねついてー　あそびましょう

は　や　くーこいこい　お　しょ　う　が　つ

  2人組であそぼう　　準備：2人組で向かい合う。

💡 ②は交差しないで向かい合った手をつないでもOK！

<1番>

❶ もういくつねると　おしょうがつ

2呼間で1回手拍子・右手合わせ、次の2呼間で1回手拍子・左手合わせ。この動作を4回する。

❷ おしょうがつには　　　　❸ たこあげて　　　　❹ こまをまわして　あそびましょう

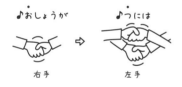  

2呼間で右手をつなぎ、次の2呼間で左手をつなぐ。　両手を上げてストップしてから手を離す。　②をしてからその場で歩いてまわる。

❺ はやくこいこい　おしょうがつ

❶の動作を3回してから、「つ」で1回手拍子と2回両手合わせ。

<2番>

❻ もういくつねると　〜　　❼ まりついて　　　❽ おいばねついて　　　❾ はやくこいこい
　おしょうがつには　　　　　　　　　　　　　　あそびましょう　　　　　おしょうがつ

❶❷と同じ。　　　　　　　3回ジャンプする。　　　❹と同じ。　　　　　❺と同じ。

ケンケンパであそぼう

全部グー・全部チョキ・全部パーでもOK。

グー

チョキ

パー

*歌詞に合わせて、「ケンパ　ケンパ　ケンケンパ」の動作を6回する。
*「グー・パー」や「チョキ・グー」「パー・チョキ」など、いろいろな組み合わせでも遊んでみよう。

♪も
♪い

♪う
♪くっ

♪ね　る

♪と

絵をかいてあそぼう

お正月の縁起物がたくさん。自分の好きなものだけ描いてもOK。

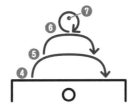
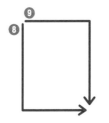
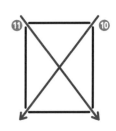

❶♪も　❷う　いくつ　❸ねると　❹♪おしょ　❺うが　❻つー　❼ ♪　❽♪おしょ　うが　❾つに　は　❿たこあげ　⓫て

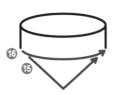

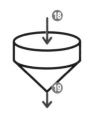

⓬♪こまを　⓭まわ　⓮して　⓯♪あそ　ぴま　⓰しょう　⓱♪はーやく　⓲こい　⓳こい

⓴♪お　しょ　うが　㉑つー　㉒ ♪

できあがり

57

0～5歳児

たこのうた

文部省唱歌

指であそぼう

準備：向かい合って両手を広げる。

全曲すべて同じ動作にするのではなく
☆の動作を組み合わせると難しそう！

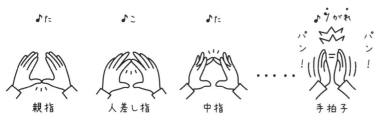

♪た　親指　♪こ　人差し指　♪た　中指　……　♪がれ　パン！パン！　手拍子

「たこたこあ」の1音ずつで、親指から小指まで順に
両手の指を合わせ、「がれ」で2回手拍子する。
この動作を4回。

☆小指から始めるなど、いろいろな組み合わせを考えてみましょう。
☆合わせた指を離さないままでもやってみましょう。

♪た　⇒　♪こ

手であそぼう（たこあげしよう）

準備：手を広げて
縦に並べる。

慣れたら斜めや、低い位置から高い
位置へ背伸びをしながらやってみよう。

♪た　⇔　♪こ　……　♪が　⇒　♪れ

「た」「こ」「た」「こ」「あ」「が」と1音ずつで、
右左交互に昇るように手を重ねていき、
「れ」で手をグーにして紐を引くように下げる。
この動作を4回。

左端縦タブ：9月　10月　11月　12月　1月　2月　3月　日本のわらべうた＆世界のこどもうた　今月のうた　クラシック＆ディズニー　お話

スキンシップであそぼう

抱っこせず、手をつないで右左にゆれてから
ジャンプし、最後だけ高い高いでもOK!

準備：子どもの脇に手を入れて抱き上げる。

＜高い高いver.＞

❶ たこたこ

右左に優しくゆらす。

❷ あがれ

高い高いをする。

❸ かぜよく　〜　てんまであがれ

❶❷を3回。

＜くすぐりver.＞

❶ たこたこあが

歌詞に合わせて、子どもの体の上で
人差し指と中指を歩くように動かす。

❷ れ

くすぐる。

❸ かぜよく　〜　てんまであがれ

❶❷を3回。

絵をかいてあそぼう

描き始めの場所に気をつけて三角形を描こう。逆三角形が難しい
ときは、三角形をつなげてたくさん書いてからひっくり返してね。

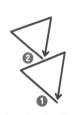 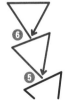 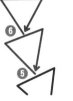 

❶ ♪たー こー たーこ　❷ あー が れ　❸ ♪か ぜ よく　❹ うけ て　❺ ♪くー もー まーで　❻ あー が れ　❼ ♪て ん まで

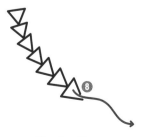

❽ ♪あーがれ

できあがり

9月
10月
11月
12月
1月
2月
3月
日本のわらべうた＆世界のこどものうた
今月のうた
クラシック＆ディズニー
お話

0〜5歳児

コンコンクシャンのうた

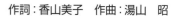

作詞：香山美子　作曲：湯山　昭

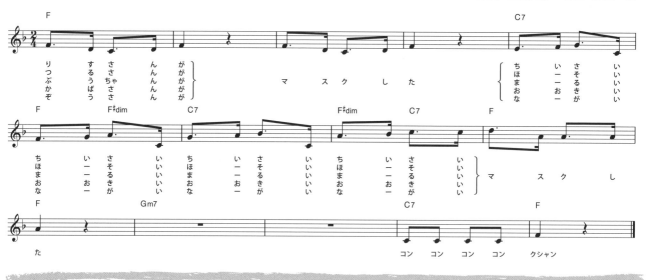

りすかぞ　するうばう　ささちゃささ　んんんんん　がががががが　マ　ス　ク　し　た　ちほまおな　いーーおー　さそるきが　いいいいい

ちほまおな　いーーおー　さそるきが　いいいいい　ちほまおな　いーーおー　さそるきが　いいいいい　ちほまおな　いーーおー　さそるきが　いいいいい　マ　ス　ク　し

た　コン　コン　コン　コン　クシャン

 **手であそぼう**

 はじめは指と手だけで小さな動物から大きな動物まで表現。次は体で！

1〜5番まで❶❷の動作は共通。

<1番>

りすさん
人差し指

❶りすさんが　マスクした

2呼間ずつ、右左にゆらす。
この動作を2回。

❷ちいさい 〜 マスクした

1呼間ずつ、右左にゆらす。
この動作を8回。

❸コンコンコンコン　クシャン

指を「コンコンコンコン」に合わせて曲げ伸ばしをし、「クシャン」で親指をつける。

2番以降、❸の動作を下記のように変化させる。

<2番>

つるさん
親指と中指

♪コンコンコンコン　♪クシャン

親指と中指を「コンコンコンコン」に合わせて
つけたり離したりし、「クシャン」で大きく広げる。

<3番>

ぶうちゃん
グー

♪コンコンコンコン　♪クシャン

4回リズムをとってから、「クシャン」で
パーにする。

<4番>

かばさん
手を開いたまま、
指だけ曲げる

♪コンコンコンコン　♪クシャン

頭の上で4回リズムをとってから、
「クシャン」で頭の上から胸の前へ下ろす。

<5番>

ぞうさん
パーにして、
ひじを伸ばす

♪コンコンコンコン　♪クシャン

体の前で4回リズムをとってから、
「クシャン」で頭の上に上げる。

全身であそぼう

全身で「小さい」「細い」「丸い」「大きい」「長い」を表すと、言葉と感覚が結びつくよ。

<1番>
❶ りすさんが　マスクした

両手を胸の前でグーにして、「りす」で右を向き、「さんが」で正面を向く。次に左。

❷ ちいさい ～ マスクした

歌詞に合わせて、体を小さくする。

❸ コンコンコンコン　クシャン

しゃがんだまま、4回咳をして「クシャン」で両手両足を広げながらジャンプする。

<2番>
❹ つるさんが　マスクした

❺ ほそい ～ マスクした

頭の上で両手を合わせて、❶の動作をする。

歌詞に合わせて、背伸びをする。

❻ コンコンコンコン　クシャン

背伸びをしたまま、❸の動作をする。

<3番>
❼ ぶうちゃんが　マスクした

❽ まるい ～ マスクした

左手は腰、右手の人差し指でぶたの鼻をつくり、❶の動作をする。

歌詞に合わせて、手と足でそれぞれ丸をつくり上下する。

❾ コンコンコンコン　クシャン

丸をつくったまま、❸の動作をする。

<4番>
❿ かばさんが　マスクした

⓫ おおきい ～ マスクした

腰をかがめて指を曲げ、❶の動作をする。

歌詞に合わせて、手を広げていく。

⓬ コンコンコンコン　クシャン

手を広げたまま、❸の動作をする。

<5番>
⓭ ぞうさんが　マスクした

⓮ ながい ～ マスクした

胸の前で両手を合わせてぞうの鼻をつくり、❶の動作をする。

歌詞に合わせて、両手を合わせたまま腰からまわす。

⓯ コンコンコンコン　クシャン

ぞうの鼻をつくったまま、❸の動作をする。

 スキンシップであそぼう

○○に子どもの名前を入れてもいいね。

「手であそぼう」の指の形で下記の動作をする。

❶ ○○さんが　マスクした

2呼間ずつで、子どもの体を軽くつつく。

❷ ○○い　～　マスクした

1呼間ずつで、❶の動作。

❸ コンコンコンコン　クシャン

4回くすぐってから、「クシャン」で抱きしめる。

9月
10月
11月
12月
1月
2月
3月
日本のわらべうた&世界のこどもうた
今月のうた
クラシック&ディズニー
お話

2～5歳児

カレンダーマーチ

作詞：井出隆夫　作曲：福田和禾子

C
いごく／さしじゅう
ちがが／んがち
がつだに／がいち
つだに／つがつ
いごく／さしじゅう
っらり／むさよん
ばんの／にょだ
いよみ／さみび
ゆこも／よずゆ
きいう／うあが
よのあ／なそく
ふぼき／らびる
れりだ

Dm
にろじゅ／しじゅう
がくう／がいち
つがが／つがが
のつろ／にしょ
わーう／うハグ
にかご／がつに
はにや／がつに
ふてるお／クアルベ
くてつ／いあク
じゅぼき／ちあり
そーさ／ねあス
うまマ／んつマ

G7 C
せいス

カ

C
レン　カレン　カレンダーマーチ　いちねんたったら　またおーいで

 誕生月を祝おう

あそびながら自分の誕生月が覚えられるね。

椅子にすわってみんなで歌う。

❶ いちがつ　～　しょうがくいちねんせい

1～4月生まれの子どもが、自分の誕生月になったら順に手を上げて立ち上がる。他の月のときはすわる。

❷ （カ）レン　カレン　カレンダーマーチ

1～4月生まれの子どもが立ち上がり、（4月生まれは立ったまま）2呼間ずつ「カレン」の歌詞に合わせて右左の順に2回手拍子する。この動作を2回。

❸ いちねんたったら

右手の人差し指で2回リズムをとる。

❹ またおいで

その場でまわってから手を振る。

2番は5～8月生まれの子どもが踊る。
3番は9～12月生まれの子どもが踊る。

9月
10月
11月
12月
1月
2月
3月
日本のわらべうた&世界のこどもうた
今月のうた
クラシック&ディズニー
お話

発表会に発展させよう

最後に「カレン ～ またおいで」を再び歌いながらみんなで出てこよう。

基本は「誕生月を祝おう」と同じ動作。

<1番>：1～4月生まれの子どもが横1列に並び、自分の生まれ月のときに一歩前に出る。
「またおいで」で手を振りながら退場し、それと同時に5～8月生まれの子どもが入場する。
<2番>：5～8月生まれの子どもが1番と同じ動作。「またおいで」で3番の子どもと入れ替わる。
<3番>：9～12月生まれの子どもが1番と同じ動作。

替え歌でエンディングを歌おう

ピアノ伴奏があるときは★のところで長めに音をのばして。役ごとのポーズや掛け声などを相談して発表しよう。

劇ごっごなどのエンディングに替え歌で歌いましょう。

基本は「発表会に発展させよう」と同じ動作。ただし前に出たときは、役ごとのポーズをする。

♪ももからうまれた　ももたろう（★桃太郎役）
　いぬさるきじが　だいかつやく（★イヌ・サル・キジ役）
　おじいさんおばあさん　げんきです（★おじいさん・おばあさん役）
　やさしくなったよ　おにたちも（★鬼役）
　もも　もも　ももたろうマーチ
　みなでさいごに　ごあいさつ

♪ももからうまれた　ももたろ　　♪う

替え歌で行事を歌おう

子どもたちと歌詞を出し合って、園の行事などを盛り込んだオリジナルの歌詞をつくろう。

1～12月までの行事を歌詞に入れて、紙芝居やペープサートをつくってあそびましょう。

♪1月おしょうがつ　めでたいな
　2月はまめまき　おにはそと
　3月もものはな　ひなまつり
　4月におはなみ　いたしましょう
　カレン　カレン　カレンダーマーチ
　一年たったら　またおいで

　5月こいのぼり　こどものひ
　6月かえると　あまやどり
　7月たなばた　ささかざり
　8月ははなびに　なつまつり
　カレン　カレン　カレンダーマーチ
　一年たったら　またおいで

　9月おつきみ　じゅうごやに
　10月いもほり　ほうさくだ
　11月はれぎで　七五三
　12月すずのね　クリスマス
　カレン　カレン　カレンダーマーチ
　一年たったら　またおいで

♪にがつはまめまき　　♪おにはそと
2がつ
（ひっくりかえす）

9月
10月
11月
12月
1月
2月
3月
日本のわらべうた＆世界のこどもうた
今月のうた
クラシック＆ディズニー
お話

2〜5歳児

かもつれっしゃ

作詞：山川啓介　作曲：若松正司

かも つれっ しゃ シュッ シュッ シュッ　いそげ いそげ シュッ シュッ シュッ

こん ど の えき で シュッ シュッ シュッ　つも う よ に もつ　ガッ チャン
そっ ち へ ゆく ぞ シュッ シュッ シュッ　ゆず れ よ せ も つろ　ガッ ガッ チャン

 **基本のあそび方**

長くつながると転びやすいので、
つながり方や走る速さなどに注意しよう。

❶ かもつれっしゃ　〜　つもうよにもつ

腰の横で両手をまわしながら、汽車になって
好きなところを歩く。

❷ ガッチャン

近くにいる人と手合わせしてから、じゃんけんする。
勝った人が先頭、負けた人が後ろにつながり2両編成の汽車になる。

2両の汽車で❶❷をくり返しながら、少しずつ4両・8両と増やしていく。全員がつながったら終了。

9月
10月
11月
12月
1月
2月
3月
日本のわらべうた&世界のこどもうた
今月のうた
クラシック&ディズニT
お話

替え歌でいろいろな列車に乗ろう

子どもたちとやりとりを楽しみながら、いろいろな列車に乗車！

園の生活のさまざまな場面で、あそびの延長として楽しくできるように、
子どもたちと一緒に替え歌を考えてみましょう。

＜移動列車ver.＞

♪○○れっしゃ	シュッ	シュッ	シュッ
いそげ　いそげ	シュッ	シュッ	シュッ
こんどの　えきは	シュッ	シュッ	シュッ
□□　えきだ	ガッチャン		

○○ ・・・ クラス名
□□ ・・・ 行き先（例：砂場・園庭・トイレ・ホールなど）

「□□駅に行きますよ〜」
「お乗りの方はお急ぎくださーい」
など、元気に声を掛け、子どもたちが列に並んだら出発し、
歌いながらつながって歩く。
目的地に着いたら、
「□□駅に到着。ご利用ありがとうございます」
「□□駅に到着。気をつけてお降りください」
など声を掛けてあそぶ。

つぎは〜

♪かもつれっしゃ
シュッシュシュ…

＜お片づけver.＞

♪かたづけれっしゃ	シュッ	シュッ	シュッ
いそげ　いそげ	シュッ	シュッ	シュッ
おもちゃはないかな	シュッ	シュッ	シュッ
きれいにするぞ	ガッチャン		

「お片づけ列車出発進行！」
「乗客の皆様、落ちているおもちゃなどあった場合は拾って
元の場所にお片づけくださいませ」
「お片づけ列車がんばれ！　ごみはないか見つけよう！」
などと声掛けすると、子どもたちはよりのって
お片づけをがんばります。

かたづけれっしゃ
ガンバレ！！

1〜5歳児

幸せなら手をたたこう

作詞：木村利人　アメリカ民謡

し　あ　わ　せ　な　ら　て　を　た　た　た　こう　（手拍子）　し　し　あ　あ　わ　わ　せ　せ　な　な　ら　ら　て　か　を　し　た　た　た　た　た　た　こう　そう　（足踏み）（肩たたき）　し　あ

わ　せ　な　ら　た　い　ど　で　し　め　そ　う　よ　ほ　ら　み　ん　な　で　て　あ　か　を　し　た　た　た　た　た　た　こう　そう　こう　（手拍子）（足踏み）（肩たたき）

し　あ　わ　せ　な　ら　さ　い　しょ　か　ら　パン　パン　ドン　ドン　トン　トン　し　あ　わ　せ　な　ら　さ　い　しょ　か　ら　パン　パン　ドン　（手拍子）　（足踏み）　（肩たたき）　（手拍子）（足踏み）

ドン　トン　トン　し　あ　わ　せ　な　ら　た　い　ど　で　し　め　そ　う　よ　ほ　ら　み　ん　な　で　さ　い　しょ　か　ら　パン　パン　ドン　ドン　トン　トン　（足踏み）（肩たたき）　（手拍子）　（足踏み）　（肩たたき）

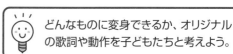 **替え歌で好きなものに変身しよう**

> どんなものに変身できるか、オリジナルの歌詞や動作を子どもたちと考えよう。

いろいろな動物や物に変身する。子どもたちとオリジナルの歌詞・動作を考えよう。

♪しあわせなら　○○○　になろう（☆☆）
しあわせなら　○○○　になろう（☆☆）
しあわせなら　たいどで　しめそうよ
ほら　みんなで　○○○　になろう（☆☆）

○ に好きなものを入れて、☆ のところでそれに合った動作をする。

＜例＞

♪うさぎ

両手でうさぎの耳をつくり、
2回ジャンプする。

♪ひよこ

両手をお尻につけて尾をつくり、
かがんでパタパタする。

♪かぜ

両手を広げて、その場でまわる。

ねこ　・・・　ニャーオ：手をグーにしてねこの手をつくり、鳴きまねをする。
ぞう　・・・　パオーン：両手を伸ばしてぞうの鼻をつくり、手のひらを合わせて右左に振る。
こおり　・・・　カチンコチン：体を硬くして、手を曲げて交互に上下させる。　など

 **基本のあそび方**　歌いながら、歌詞に合わせた動作をする。

| 1番：手拍子 | 2番：足踏み | 3番：肩たたき | 4番：全部（手拍子→足踏み→肩たたき） |

 **全身であそぼう**

> 1番から4番まで、好きなところを歩いてからそれぞれの動作をしてもよい。
> 大股歩き・つま先歩き・後ろ歩きや小走りなどいろいろな歩き方ができるよ。

＜1番＞

❶（しあ）わせなら　てをたたこう

❷（しあ）わせなら　てをたたこう

❸（しあ）わせなら　〜　てをたたこう

右手を外側に開いたり内側に閉じたりする。最後に2回手拍子する。

左手で❶の動作。

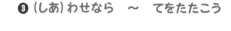 

両手で❶の動作。

＜2番＞

❹（しあ）わせなら　あしならそう

❺（しあ）わせなら　あしならそう

❻（しあ）わせなら　〜　あしならそう

右足を右横に出してからもどすをくり返す。最後に右足をもどしながら床を2回鳴らす。

左足で❹の動作。

両足ジャンプで同時に❹❺の動作。

＜3番＞

❼（しあ）わせなら　かたたたこう

❽（しあ）わせなら　かたたたこう

❾（しあ）わせなら　〜　かたたたこう

右肩を上下させ、最後に右肩を左手で2回たたく。

左肩で❼の動作。

両肩を上下させ、最後に手をクロスさせて、両肩を2回たたく。

＜3番＞

❿（しあ）わせなら　〜　さいしょから

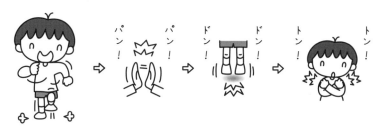

好きなところを歩いてから、手拍子2回・ジャンプ2回・クロス肩たたき2回をする。この動作を3回。

9月
10月
11月
12月
1月
2月
3月
日本のわらべうた＆世界のこどもうた
今月のうた
クラシック＆ディズニー
お話

9月
10月
11月
12月
1月
2月
3月
日本のわらべうた＆世界のこどもうた
今月のうた
クラシック＆ディズニー
お話

2〜5歳児

豆まき

えほん唱歌

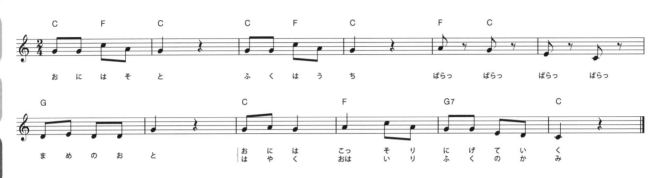

おにはそと　ふくはうち　ぱらっ　ぱらっ　ぱらっ　ぱらっ
まめのおと　おにはやく／はやく　こっおは／おはそいりにげてのいかくみ

 全身であそぼう　　❶の鬼は力強く、❹の鬼は弱々しく表現してあそんでみよう。

＜1番＞

❶ おにはそと

♪おには　　♪そと

頭に人差し指を立てて鬼のまねをし、両手を横に広げる。

❷ ふくはうち

♪ふくは　　♪うち

ほっぺをつまんでお多福のまねをし、両手をクロスして肩にあてる。

❸ ぱらっ　〜　まめのおと

♪ぱらっぱらっ…

1呼間ずつ手首をひねりながら、その場で8回ジャンプしながらまわる。

❹ おにはこっそり　にげていく

♪おにはこっそり　　♪にげていく

❶のように鬼のまねをしながら、体を小さくして逃げるまねをする。

＜2番＞

❺ おには　〜　まめのおと

❶〜❸と同じ。

❺ はやくおはいり　ふくのかみ

♪はやくおはいり　　♪ふくのかみ

両手で2回おいでおいでをしてから、❷のようにお多福のまねをする。

 **フープであそぼう**

 フープをつなげたり、〇をつなげて描き、前に進むようにケン・グーをしてもOK!

☆線を引いても同じようにあそべます。

＜1番＞

❶ おにはそと

♪おには　♪そと

「おには」でフープ中でケンケン、「そと」でフープ外でグー。

❷ ふくはうち

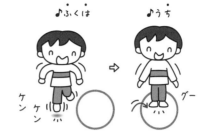

♪ふくは　♪うち

「ふくは」でフープ外でケンケン、「うち」でフープ中でグー。

❸ ぱらっ　〜　まめのおと

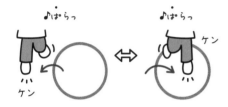

♪ぱらっ　♪ぱらっ　♪まめ　♪のお　♪と

「ぱらっ」に合わせて、外で右ケン・中で左ケン・外で右ケン・中で左ケン。「まめのおと」はグーで外・中・外。

❹ おにはこっそり　にげていく

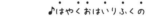

♪いく

フープ中で6回ケンの後、フープ外でグー。

＜2番＞

❺ おには　〜　まめのおと

❶〜❸と同じ。

❻ はやくおはいり　ふくのかみ

♪はやく おはいりふくの　♪かみ

フープ外で6回ケンの後、フープ中でグー。

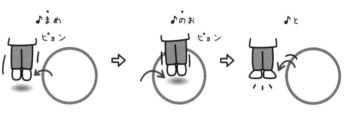 **絵をかいてあそぼう**

1曲で鬼とお多福が描けます。小さい子には、輪郭だけ描いてあげて、目や角、ほっぺを入れてもらおう。

❶ ♪おに　はそ　と　　❷ ♪ふくは　❸ うち　　❹ ♪ぱらっぱらっぱらっぱらっ　　❺ ♪まめのおと　　❻ ♪おに　は　❼ こっ　そり　　❽ ♪にげていく

❾ ♪おにはそと　❿ ♪ふく　は　⓫ うち　ミ　⓬ ♪ぱらっぱらっ　⓭ ぱらっ　ぱらっ　⓮ ♪まめのおと　⓯ ♪はや　く　⓰ おは　いり　⓱ ♪ふく　⓲ のか　⓳ み

9月
10月
11月
12月
1月
2月
3月
日本のわらべうた&世界のこどもうた
今月のうた
クラシック&ディズニー
お話

0〜5歳児

雪のこぼうず

作詞：村山寿子　外国曲

ゆきの こぼうず ゆきの こぼうず	や い く	ねけ さ	にに にに	おおお お	りり りり	たた たた

| つすじ | るるー | りりっ | ととと | すもす | べっぐっわっ | ててて | かみみん | ぜになずに | のっみんなっ | てなてて | ききき | ええええ | たたたた |

 指であそぼう

 外国曲「いとまきのうた」と同じメロディーだよ。

1〜3番まで ❶ 〜 ❸ ❺ の動作は共通。

＜1番＞

❶ ゆきのこぼうず　ゆきのこぼうず

人差し指でかいぐりする。

❷ やねにおりた

♪や〜ねにおりた

両手の指で三角形をつくり、「や」「ねに」の歌詞に合わせて指を2回合わせる。
次に「お」「り」「た」で3回。

❸ つるりと

左手首の上に、右人差し指をのせる。

2番以降、❹ の動作を下記のように変化させる。

❹ すべって

人差し指をすべらせる。

❺ かぜにのってきえた

♪かぜにのってきえ　　　♪た

❶ の後、「た」で両手を後ろにかくす。

＜2番＞
もぐって

左手の下に、
人差し指をかくす。

＜3番＞
すわって

ストップする。

全身であそぼう

 「つるりと」「するりと」「じっと」の歌詞に合わせてそれぞれポーズを決めてね。

1〜3番まで ❶ ❷ ❹ ❺ の動作は共通。

＜1番＞
❶ ゆきのこぼうず　ゆきのこぼうず

♪ゆきのこぼうず…

胸の前で、大きな雪玉をつくるように手をまわす。

❷ やねにおりた

♪や〜ねにおりた

両手を顔の横でヒラヒラさせる。

❸ つるりとすべって

ストップ！

両手を広げ、滑っているように片足を前に上げストップする。

2番以降、❸ の動作を変化させる。

❹ かぜにのって

♪かぜに　♪のって

両手を右左に大きく振る。

❺ きえた

♪きえ　♪た

くるっ

その場で素早くまわり、「た」でしゃがんで顔をかくす。

＜2番＞
するりともぐって

ストップ

またのぞきをして、ストップする。

＜3番＞
じっとすわって

ストップ

ガッツポーズをしながら、腰を落としてストップする。

 スキンシップであそぼう

 おなかをなでて、なぞってもいいね。

準備：保育者の足の上に、向かい合わせになるように子どもをのせる。

❶ ゆきのこぼうず
**　　ゆきのこぼうず**

「ゆきのこぼうず」の歌詞に合わせて子どもの頭を2回なでる。

❷ やねに

人差し指で子どもの頭からおでこ、鼻すじをなぞる。

❸ おりた

♪おりた

チョンチョンチョン

鼻の頭を歌詞に合わせて3回タッチする。

❹ つるりとすべって　〜　きえた

❷を6回した後、❸をする。

0〜5歳児

北風小僧の寒太郎

作詞：井出隆夫　作曲：福田和禾子

きたかぜー　ー　こぞう　の　かんた　ろう　（かんたろう！）

こ	と	し	も	ー
く	ち	ぶ	え	ー
で	ん	し	ん	ー

ー	ま	ち	ま	で	や	っ	て	きた	ー	ヒュー　ー　ン　ヒューン　ヒュルルー　ン
ー	ふ	き	ふ	き	ひ	と	り	たい		
ー	ば	し	ら	も	な	い	て	たび		

| ルンルンンルンー | ふ | ゆ | で | ー | ござんーす　ヒュルルルルルルン　ー |
| | さ | む | ぎ | ー | |

 **寝ころがってあそぼう**

💡 ❶ でひざを右左にたおすときは、ウエストもいっしょにひねって。
❺ はゴロゴロまわろう。

準備：床にあおむけに寝る。

❶ （きた）かぜこぞうのかんたろう

♪（きた）かぜ〜〜こぞうの　　♪かんたろう（かんたろう！）

ひざを曲げて右左にたおす。この動作を2回してから「かんたろう」で足を揃えてまわす（反対まわりも）。

❷ （こと）しもまちまで
やってきた

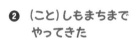

❶と同じ。

❸ （ヒュ）ーン　ヒューン
ヒュルルンルンルンルン

両手足を上げて、バタバタさせる。

❹ ふゆでござんす

♪ふゆで…

ストップ。

❺ ヒュルルルルルルン

右左好きな方向へ2回転する。

バランスであそぼう　　歩くときは片足に体重をのせてバランスをとりながらあそぼう。

❶（きた）かぜこぞうのかんたろう

両腕を右左に振りながら好きなところを歩き、歌の後で「かんたろう！」と言いながら大きくジャンプする。

❷（こと）しもまちまでやってきた

❶の動作で歩く。

❸（ヒュ）ーン　ヒューン

その場で素早くまわる（反対まわりも）。

❹ ヒュルルンルンルンルン

両手を頭の上で合わせ、その場でまわる。

❺ ふゆでござんす

片足を上げて見得を切るポーズでストップする。

❻ ヒュルルルルルルン

❺のポーズのまま、その場でまわる。

スキンシップであそぼう　　❶の抱き方で子どもが怖がるときは、脇を抱えて抱っこして子どもを右左にゆらそう。

準備：子どもは手足を伸ばしうつ伏せになる。保育者が子どもの体を下から支えて持ち上げる。

❶（きた）かぜこぞうのかんたろう

子どもを右左に3回ゆらし、歌の後で抱きしめる。

❷（こと）しもまちまでやってきた

❶と同じ。

❸（ヒュ）ーン　ヒューン　ヒュルルンルンルンルン

子どもを抱き寄せたまま、ゆっくりまわる。

❹ ふゆでござんす

子どもを下ろす。

❺ ヒュルルルルルルン

子どもの脇の下に手を入れて、抱き上げて右左にゆらす。

9月
10月
11月
12月
1月
2月
3月
日本のわらべうた＆世界のこどもうた
今月のうた
クラシック＆ディズニー
お話

1〜5歳児

おにのパンツ

作詞：不詳　作曲：ルイジ・デンツァ

お に ー の パンツは いい パンツ つよいぞ つよいぞ トラー のけ がわで できて いる つ
よ いぞ つ よいぞ ごねん は いて も やぶれ ない つ よいぞ つ よいぞ じゅう
ねん は いて も やぶれ ない つ よいぞ つ よいぞ はこう はこうおに のパンツ
は こう はこう おに のパンツあなた も あなたも あなた も あなたも みんなではこう おに のパンツ

 替え歌でみんなのパンツをつくろう

 ありさんは？　きりんさんは？　他にはどんなパンツが
あるかをみんなで考えて、もっと替え歌をつくってみよう。

基本は右頁の「基本のあそび方」と同じ動作。

＜うさぎのパンツver.＞

♪うさぎのパンツは　いいパンツ　しなやか　しなやか
　5年はいても　やわらかだ　しなやか　しなやか
　10年はいても　やわらかだ　しなやか　しなやか
　100年はいても　やわらかだ　しなやか　しなやか
　はこう　はこう　うさぎのパンツ
　はこう　はこう　うさぎのパンツ
　あなたも　あなたも　おじいちゃんも　おばあちゃんも
　みんなではこう　うさぎのパンツ

＜ぞうのパンツver.＞

♪ぞうのパンツは　いいパンツ　おおきいぞう　おおきいぞう
　5人はいても　まだあまる　おおきいぞう　おおきいぞう
　10人はいても　まだあまる　おおきいぞう　おおきいぞう
　100人はいても　まだあまる　おおきいぞう　おおきいぞう
　はこう　はこう　ぞうのパンツ
　はこう　はこう　ぞうのパンツ
　あなたも　あなたも　おじいちゃんも　おばあちゃんも
　みんなではこう　ぞうのパンツ

❶（う）さぎの

両手でうさぎの耳をつくる

❻しなやか　しなやか

両手を上から下へクネクネ
させながら下ろす。

❶（ぞ）うの

両手でぞうの鼻をつくり、
右左に大きくゆらす。

❻おおきいぞう　おおきいぞう

両手両足を大きく広げ、歌詞に合わ
せて片足ずつ上げる。

❾やわらかだ

両手でほほを
さする。

⓫100ねんはいても　やわらかだ

10本指を素早く10回（たくさん）出して
から、ほほをさする。

❾まだあまる

両足を広げ、おしりを振
りながら両手でパンツが
ブカブカの様子を表す。

⓫100人はいても　まだあまる

10本指を素早く10回（たくさん）
出してから、ブカブカの様子を
表す。

 **基本のあそび方**

子どもの動作に合わせてゆっくり歌うと1歳クラスから楽しめるよ。
もっと簡単にするなら「鬼」と「強い」の動作と「手拍子」だけでもOK。

❶（お）にの

両手の人差し指で、頭の上で
つのをつくる。

❷ パン

1回手拍子する。

❸ ツは

2本指を前に出す。

❹ いい

指で丸をつくる。

❺ パンツ

❷❸と同じ。

❻（つ）よいぞ　つよいぞ

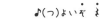

ガッツポーズをしながら腕を
4回上下しリズムをとる。

**❼（ト）うのけがわで　できている
　　つよいぞ　つよいぞ**

トラのつめのように指を曲げて
両手を上げてから、❻と同じ動作。

❽（5）ねんはいても

5本指を出してから、パンツをはくまねを
する。

❾ やぶれない

片手を振る。

❿（つ）よいぞ　つよいぞ

❻と同じ。

⓫（10）ねんはいても　〜　つよいぞ

10本指を出してパンツをはくまねをしてから、
❾❻と同じ動作。

⓬ はこうはこう

パンツをはくまねを
2回する。

⓭（お）にのパンツ　〜　パンツ

❶〜❸、⓬、
❶〜❸と同じ。

⓮（あなた）も　あなたも　あなたも　あなたも

右左の順に人差し指で指す。次に右左の順に手を広げる。

⓯ みんなではこう

4回手拍子する。

⓰（お）にのパンツ

❶〜❸と同じ。

2〜5歳児

むっくりくまさん

作詞：志摩 桂 スウェーデン民謡

むっ くり くまさん むっ くり くまさん あ な の な か ねむ って いる よ グゥ グゥ

ねご とを いっ て むにゃ むにゃ め を さま した ら め を さま した ら たべ られ ちゃ う よ

 **基本のあそび方**

まずは保育者がくま役になってくり返しあそぼう。

準備：くま役（以後くま）を決める。複数人でも可能。
　　　全員で手をつなぎ、丸くなる。くまは円の中心に入り、しゃがんで眠っているふりをする。

❶ むっくりくまさん　むっくりくまさん　あなのなか

くまのまわりを、歌いながら歩いてまわる。

❷ ねむっているよ　〜　たべられちゃうよ

円の中心（くまの方）に向かって歩いて入っていく。

❸ 歌終わり

くまは目を覚ましてつかまえに行く。くまにつかまらないように、
手を離して逃げる。
くまにつかまった人は、次のくまになり、くり返しあそぶ。

鬼を増やしてあそぼう

くまにつかまった人が
2人3人4人…と増え
ていき、全員つかまっ
たら終わり。

椅子取りゲームをしよう

 椅子取りゲームやフルーツバスケットなどをたくさんしていると、ルールがわかるように。

準備：内側に向けた椅子を丸く並べてすわる。くまは円の中心に入り、しゃがんで眠っているふりをする。

❶ むっくりくまさん
むっくりくまさん
あなのなか

椅子にすわったまま、その場で足踏みをする。

❷ ねむっているよ
グゥグゥ

両手を合わせてほほにあて、首を傾ける。

❸ ねごとをいって
むにゃむにゃ

「むにゃむにゃ」に合わせて両手を口の前で動かす。

❹ めをさましたら
めをさましたら
たべられちゃうよ

体を小さくして、両手で顔をかくす。

❺ 歌終わり

くまは目を覚まし、他の人は立ち上がる。全員で空いている別の椅子に移動してすわる。すわれなかった人が次のくまになる。

☆くま役の子どもが毎回交替できるように、「隣の椅子にすわってはダメ」などのルールもつくりましょう。
☆椅子の数を減らしていったり、くまの数を増やしていったりしても楽しいです。

 かけ合いあそびをしよう

 すべてのバージョンに、この掛け合いあそびを入れてもあそべるよ。くま役は、イメージを膨らませて何をしているか考えよう。

歌終わりに、くまと子どもたちでわらべうた「あぶくたった」のように、言葉のかけ合いをする。

子ども「**くまさん　くまさん　なにしているの？**」
くま　「**いま、起きたところ**」（目覚めたまねをする）
子ども「**くまさん　くまさん　なにしているの？**」
くま　「**いま、着替えているところ**」（着替えているまねをする）　　など

子ども「**くまさん　くまさん　なにしているの？**」
くま　「**いまから、みんなを食べにいくところ！**」（これを合図につかまえにいく）

3〜5歳児

ずいずいずっころばし

わらべうた

ず　い　ず　い　ずっころばし　ごまみそずい　　ちゃつぼに　お　われ　て　とっ　ぴん　しゃん　ぬけた　ー　らどんどこ

しょ　　た　わ　らのね　ず　みが　こめくって　チュー　　チュー　チュー　チュー　　おっとさんが　よ　んで　も　おっかさんが

よんで　も　い　きーっこな　ー　ー　し　よ　いどのまわり　で　お　ちゃわんか　いた　のだ　ー　れ

 **基本のあそび方**

鬼を1人決める。鬼以外の人は、両手を軽く握り小さな穴（ちゃつぼ）をつくる。
歌詞のリズムに合わせて、鬼が順番に穴に人差し指を入れる。
歌い終わりの「だあれ」で、最後に入れられた人が次の鬼となり、最初にもどってまた始める。

> 最初は保育者が鬼になり、くり返しあそんでいるうちに、子どもも鬼になってあそべるようになるよ。

 **円であそぼう**　　準備：円になって両手をつなぐ。

❶ ずいずいずっころばし　ごまみそずい

1呼間ずつで、手を上げてからしゃがむ。この動作を3回。最後の「ずい」で立って両手を上げストップする。

❷ ちゃつぼにおわれて　とっぴん

6回手拍子。

❸ しゃん

手をつなぐ。

❹ ぬけたら　どんどこしょ

首をまわす（反対まわりも）。

❺ たわらのねずみが　こめくって

円の中心に向かって歩く。

❻ チュー　チュー　チュー　チュー

歌詞に合わせて、口の前で両手を4回つき出す。

❼ おっとさんが　〜　いきっこなしよ

手をつないで元の位置にもどる。

❽ いどのまわりで　おちゃわんかいたの

ギャロップする。

❾ だあれ

「だあ」で手をはなして、「れ」でジャンプして後ろを向く。

全身であそぼう  **2人組であそぼう**

 ❺でお友だちのところへかけ寄り、❻のチューチューチューチューで顔を近づけてやると面白いよ。

※同時に2人組ver.も紹介（異なる箇所のみ右囲み）

❶ ずいずいずっころばし　ごまみそずい

1呼間ずつで、両手両足を広げてから小さくなる。この動作を3回し、最後の「ずい」で両手を上げてストップする。

向かい合って❶の動作。

❷ ちゃつぼにおわれて　とっぴん

6回手拍子。

❸ しゃん

両手を前に出す。

両手で手合わせする。

❹ ぬけたら　どんどこしょ

体を大きくまわす。

手を合わせたまま、まわす。

❺ たわらのねずみが　こめくって

その場で走ってまわる。

❻ チュー　チュー　チュー　チュー

歌詞に合わせて、口の前で両手を4回つき出す。

顔を近づけて❻の動作。

❼ おっとさんが　～　いきっこなしよ

両手を広げて、ケンケンで8歩右へ移動し、次に左へ。

❽ いどのまわりで　おちゃわんかいたの

その場で小走りでまわる（反対まわりも）。

❾ だあれ

両手で顔を隠してから、「れ」で顔を出す。

手合わせしてから「れ」で手を広げる。

 絵をかいてあそぼう

「こめくってチュー」「チューチューチュー」で鼻とひげを調子よく描こう。

❶♪ずい　ずい　ずっころ　ばし
❷　ごま　みそ　ずい
❸♪ちゃつぼにおわ　れて
❹　とっぴんしゃん
❺♪ぬけたら
❻どん　どこ
❼　しょ
❽く
❾♪たわ　らの
❿　ねず　みが
⓫♪こめくって
⓬チュー

⓭♪チューチュー
⓮　チュー
⓯♪おっとさんがよん　でも
⓰　おっかさんがよん　でも
⓱♪いきっこ
⓲なー
⓳　しー
⓴よー
㉑♪いど　の　まわりで
㉒　おちゃ　わん　かいたの
㉓♪だーれ

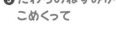

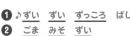

9月
10月
11月
12月
1月
2月
3月
日本のわらべうた&世界のこどもうた
今月のうた
クラシック&ディズニー
お話

3～5歳児

うれしいひなまつり

作詞：サトウハチロー　作曲：河村光陽

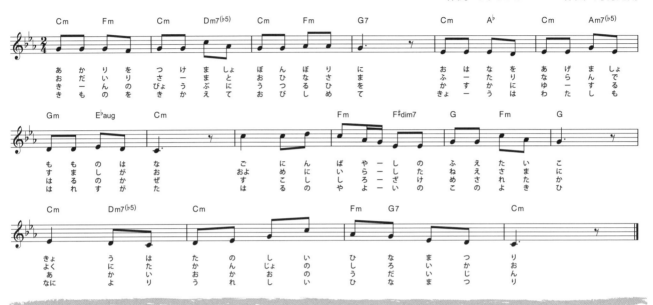

 2人組であそぼう

おひなさまの曲なので、笑わずにわざとすまし顔であそんでみよう。

準備：2人組で向かい合う。

❶ あかりをつけましょ

♪あかりを　♪つけましょ

右手　左手

右左の順に手をつなぐ。

❷ ぼんぼりに

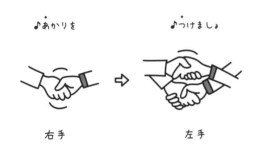

手を離してまわってから、手合わせする。

❸ おはなをあげましょ　もものはな

❶❷と同じ。

❹ ごにんばやしの　ふえたいこ

♪ごにんばやしの…

パン！パン！　パン！パン！

8回手合わせ。

❺ きょうはたのしい　ひなまつり

❶❷と同じ。

 **円であそぼう**

💡 ②は一回転して、いつも円の中心を向いてあそんでもOK!

準備：円になり両手をつなぐ。

① あかりをつけましょ

♪あかりをつけましょ

「あかりを」で両手を上げ、「つけましょ」で下げる。

② ぼんぼりに

♪ぼんぼり　♪に

手を離して半回転で円の外側を向き、両隣の人と手合わせする。

③ おはなをあげましょ　もものはな

①②と同じ。円の中心を向く。

④ ごにんばやしの　ふえたいこ

円の中心に向かって8歩歩く。

⑤ きょうはたのしい　ひなまつり

♪り

後ろ歩きで元の位置にもどり、「り」で両手を上げる。

🖍 **絵をかいてあそぼう**

💡 男びなと女びなの形は、4拍の中の3拍を使って描こう。優しいタッチでね。

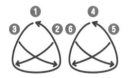

① ♪あか　りを　つけましょ　**②** ぼんぼり　**③** に
④ おは　なを　あげましょ　**⑤** ももの　**⑥** はな

⑦ ♪ごーにんばやーしの
⑧ ふえ　たい　こ

⑨ ♪きょうはたのしい
⑩ ひな　まつ　り

⑪ ♪おだいりさまと
⑫ おひなさま

   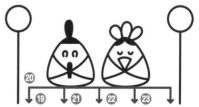

⑬ ♪ふたりならんで　**⑭** すましがお　**⑮** ♪およめに　**⑯** いらーした　**⑰** ねえさま　**⑱** に　**⑲** ♪よく　**⑳** にた　かんじょの　㉑ しろ　㉒ いか　㉓ お

9月
10月
11月
12月
1月
2月
3月
日本のわらべうた&世界のこどもうた
今月のうた
クラシック&ディズニー
お話

0～5歳児

ふしぎなポケット

作詞：まど・みちお　作曲：渡辺　茂

ポケットの　なかには　ビスケットが　ひとつ　ポケットを　たたくと　ビスケットは　ふたつ
もひとつ　たたくと　ビスケットは　みっつ　たたいて　みるたび　ビスケットは　ふえる

ゆっくり
そんな　ふしぎな　ポケットが　ほしい　そんな　ふしぎな　ポケットが　ほしい

※2番と同じ歌詞でビスケットの数をひとつずつ増やして十まで歌う。

 指であそぼう

ポケットの中に紙でつくったビスケットを入れて「ひとつ」「ふたつ」「みっつ」と出してもいいね。

❶ ポケットのなかには　ビスケットが

♪ポケットの

「ポケットの」で胸の前で、両手の人差し指で四角形を描く。この動作を3回。

❷ ひとつ

♪ひ と つ

1回手拍子。

❸ ポケットをたたくと　ビスケットはふたつ

♪ふ た つ

❶の後、2回手拍子する。

❹ もひとつたたくと　ビスケットはみっつ

♪みっつ

❶の後、3回手拍子する。

❺ たたいてみるたび　ビスケットはふえる

♪ふえる

❶の後、たくさん手拍子する。

❻ そんなふしぎな　～　ポケットがほしい

♪そんな　　♪ふしぎな

胸の前で手を組み、右左にゆれる。この動作を4回。

 **2人組であそぼう**

 2人でひっぱりっこするのでバランスを取りやすい。

準備：2人組で向かい合ってすわり、手をつないで足の裏を合わせる。

❶ ポケットのなかには　ビスケットが

♪ポケッ　　　♪トの

足を3回上下させる。

❷ ひとつ

♪ひとつ

「ひとつ」で1回手合わせ。

❸ ポケットをたたくと　ビスケットはふたつ

♪ふたつ

パン！　パン！

❶ の後、2回手合わせ。

❹ もひとつたたくと　ビスケットは
みっつ

♪みっつ

パン！　パン！　パン！

❶ の後、3回手合わせ。

❺ たたいてみるたび　ビスケットは
ふえる

♪ふえる

パン！パン！パン！　パン！パン！

❶ の後、たくさん手合わせ。

❻ そんなふしぎな　〜　ポケットがほしい

♪そんな　♪ふしぎな

手をつないだまま、シーソーのように
前後に4回ひっぱりっこする。

 **スキンシップであそぼう**

 ❼は子どもの背中が足につくようにし、反対は保育者の
背中が床につくようにしても楽しいね。

準備：保育者の足の上に、向かい合わせになるように子どもをのせる。

❶ ポケットのなかには　ビスケットが

♪ポケットの
♪ビスケットが
♪なかには…

ゆら　ゆら

右左に子どもをゆらす。

❷ ひとつ

♪ひとつ

ピョン！

ひざを1回曲げる。

❸ ポケットをたたくと　ビスケットはふたつ

❶ の後、❷ を2回。

❹ もひとつたたくと
ビスケットはみっつ

❶ の後、❷ を3回。

❺ たたいてみるたび
ビスケットは

❶ と同じ。

❻ ふえる

❷ をたくさん。

❼ そんなふしぎな　〜　ポケットがほしい

♪そんな　　♪ふしぎな

子どもを抱えたまま、前後に子どもをゆらす。
この動作を4回。

0・1・4・5歳児

ウンパッパ

作詞・作曲：ライオネル・バート　日本語詞：峯　陽

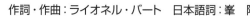

F　　　　　　　　　　G7　　　　　　　　C7　　　　　　　　　　G7　　　C7　　　F

うこゆ　たこめ　にろをの　ねがだ　がない　いかじ　をに　このし　めぞいてな　ていがてら　うみらも　たれこど　えれも　ばるは　ひめす　ろばがてねき　でがきな　まあっおたと　ちたな　でらに　こうべんなるで　えりりだいでで　んだしょ　でねう　たあお　ののこなと　いははし　うはいと　たやつ　がくか

G7　　　　　　C7　　　　　　　　F　　　　　　　　　　　　　　　　　　　　　G7　　　　　　　C7

こおと　とりのよしより　ようになに　うにいっなて　にうちて　みまむ　んないにかしの　のゆなちものの　ゆダめンスいを　をしおもて　うみたいで　だうで　すしいょう

ウン パッ パ　ウン パッ パ　だれ で も　ウン パッ パ

C7　　　F　　　C7　　　F　　　　　　　　　　G7 F#7 G　(3番のみ)　C7 B7 C7　　　　　　F

ウン パッ パ　しっ て い る　きみと どんなに こども と　ぼくと すまに も おとな と　は も は　ともだ かくし あかちゃ ちてん しても んも　さも　だかめ からよに いっしょに　ウン パッ パ　ー

　**指揮者であそぼう**

💡 三拍子のリズムをきちんと感じてあそぼう。

準備：2人組になって向かい合い、両手を合わせる。

❶ うたにねがいを ～ うたいだす

両手を合わせたまま、両手で三角形を16回描く。

❷ ウンパッパ　ウンパッパ

手拍子1回・両手合わせ2回。この動作を2回。

❸ だれでも

両手を合わせて、たくさんたたき合う。

❹ ウンパッパ ～ だから ウンパッパ

❷❸を3回。

目をつぶってあそぼう

集中して音楽を聴けるように、みんなで静かに。
目をつぶると違う音もみつかるよ。

トン！トン！トン！

トン！トン！

目をつぶったまま「指揮者であそぼう」
あそびをします。目をつぶって手合わせ
をすると、気をつけて音楽をよく聴くの
で、目を開けてするときより❸のたくさ
ん合わせるところは、きれいに手合わせ
することができますよ。

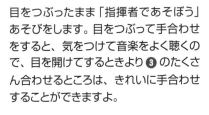 **スキンシップであそぼう**

必ず三拍子（特に❶❷）のリズムにのってあそぼう。
子どもの手で大人の顔を触ってもOK。

準備：保育者の足の上に、向かい合わせになるように子どもをのせる。

❶ うたにねがいを　〜　こうえんで

❷ たのしいうたが　〜　うたいだす

❸ ウンパッパ　ウンパッパ

♪う〜たにねがいを…　　♪で
①ツン
②ツン
③ツン

♪ウン　　　　♪パッパ

1呼間ずつ、人差し指で子どものおでこ・
右ほっぺ・左ほっぺの順に触る。この動作
を7回。最後の「で」で鼻を触ってストップ。

❶と同じ。

「ウン」で両手をつなぎ、手を閉じる。「パッパ」で両手
をつないだまま広げて2回振る。この動作を2回。

❹ だれでも

❺ ウンパッパ　〜　ともだちさ

❻ だから　ウンパッパ

バタ　バタ

ぎゅう

両手をつないだまま、
交互に6回上下させる。

❸❹を2回。

❸の動作を3回してから、抱きしめる。

9月
10月
11月
12月
1月
2月
3月
日本のわらべうた&世界のこどもうた
今月のうた
クラシック&ディズニー
お話

3～5歳児

たのしいね

作詞：山内佳鶴子　補作詞：寺島尚彦　作曲：寺島尚彦

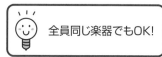

楽器であそぼう

全員同じ楽器でもOK！

準備：カスタネット、タンバリン、鈴

❶ たのしいね ～ パチンとおとがする

楽譜の通りに、♩♩♩ のリズムで、カスタネット、タンバリン、鈴、全員の順に、それぞれ鳴らす。

トン！トン！

パン！パン！

シャン！シャン！

❷ あなたの ～ おとがする

最後の「おとがする」で ♩♩♩ のリズムで全員で鳴らす。

♪おとがする

トン！

パン！

シャン！

 2人組であそぼう

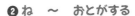 はじめは1人、途中から2人組になるよ。

準備：2人組で向かい合う。

❶ たのしい

♪た ♪の ♪しい

2呼間ずつで、頭・肩をたたき、手拍子2回。

❷ ね 〜 おとがする

❶を7回。

❸ あなたのみぎて

♪みぎて
パン！パン！パン！
右手

「みぎて」のリズムに合わせて、
3回右手を手合わせ。

❹ わたしのひだりて

❸を左手で。

❺ あわせてみよう

パン！パン！パン！パン！
両手

5回両手合わせ。

❻ （ほらね）

ほら ね

両手を合わせたまま「ね」で開く。

❼ ぐっと 〜 おとがする

両手をつないでその場で歩いてまわる。

❽ おとがする

♪おとがする
ピョン！ピョン！ピョン！

手をつないだままその場で3回ジャンプする。

 円であそぼう

❶が揃わないと❷の相手が見つからないよ。椅子取りゲームのように相手を急いで探してね。めちゃくちゃになる楽しさがいっぱい。親子ダンスにしてもOK!

準備：二重円になり、お互いに反対方向を向き合う。

❶ たのしいね 〜 おとがする

た パン！
の パン！
パン！ し
パン！

内側の円の人と外側の円の人と右手を1回手合わせしてから1回手拍子。
この動作を16回くりかえし円の周りを歩く。

❷ あなたの 〜 おとがする

♪みぎて
パン！パン！パン！
右手

❶の最後（16人目）の人と「2人組であそぼう」の❸〜❽と同じ動作をする。

2〜5歳児

一年生になったら

作詞：まど・みちお　作曲：山本直純

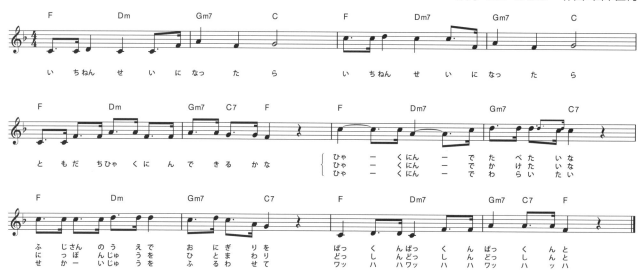

いちねんせいになったら　いちねんせいになったら

ともだちひゃくにんできるかな　ひゃーくにんーでたたべたいいなな / ひゃーくにんーででたわけらいいたた

ふじさんのうえでおひにぎりをぱっくんぱっくんと / にせっかんじゅうじゅうえうをにとるまわりをりぱっどっワッくしハんハぱっどっワッくしハんハぱっどっワッくしハんッとトハ

 椅子にすわってあそぼう

💡 **❸**の最後で、両隣の人と手をつないでもいいね。

準備：椅子を円の中心に向けて並べてすわる。

＜手合わせver.＞

❶ いちねんせいに　〜　できるかな

♪いちねんせいになったら　♪ら
トン！　トン！

「いちねんせいになったら」でひざを7回たたいた後、両隣の人と手合わせする。この動作を3回。

❷ 100にんで　〜　おにぎりを

円の中を自由に歩く。

❸ ぱっくん　ぱっくん　ぱっくんと

♪ぱっくんと
パン！パン！パン！

空いている椅子にすわる。最後の「ぱっくんと」で両隣の人と3回手合わせする。

＜足踏みver.＞ 基本は「手合わせver.」と同じ動作。

❶ いちねんせいに　〜　できるかな

♪いちねんせいに　♪なった　♪ら
ドン！　ドン！

「いちねんせいになったら」で4回足踏みをした後、立ってからすぐにすわる。この動作を3回。

 **2人組であそぼう**

 わらべうた「なべなべそこぬけ」のあそびを たくさんしていると ❸ がすぐにできるよ。

準備：2人組になり、少し離れて向かい合う。

❶ **いちねんせいになったら　いちねんせいになったら**

7歩前に歩いたら、ジャンプして後ろを向く。この動作を2回。

❷ **ともだち100にん　できるかな**

7歩前に歩き、組んでいる相手と両手をつなぐ。

❸ **100にんで　たべたいな　ふじさんのうえで　おにぎりを**

「なべなべそこぬけ」のように、手を振ってから背中合わせになり、また手を振ってから元にもどる（手を離してまわってもよい）。

❹ **ぱっくん　ぱっくん　ぱっくんと**

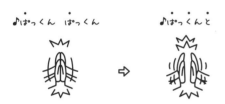

「ぱっくん　ぱっくん」で2回手合わせしてから、「ぱっくんと」で3回手合わせ。

 替え歌で新しいクラスの名前を歌おう

 替え歌にすると、年長だけでなく小さいクラスから歌うことができ、進級への意識や喜びにもつながります。4月になってからも歌えるよ。

4月に進級するクラス名を入れて歌いましょう。

♪○○組さんになったら　○○組さんになったら
ともだち100人　できるかな

この後の歌詞は、新しいクラスで
やりたいことなどを子どもと考えて
歌ってください。

○○組さんになったら
○○組さんになったら

9月
10月
11月
12月
1月
2月
3月
日本のわらべうた&世界のこどもうた
今月のうた
クラシック&ディズニー
お話

9月 10月 11月 12月 1月 2月 3月 日本のわらべうた&世界のこどもうた 今月のうた クラシック&ディズニー お話

5歳児

みんなともだち

作詞・作曲：中川ひろたか

 絵をかいてあそぼう

 〇をたくさん描くと、友だちの顔がいっぱいできるよ。

〇を16こ描く

♪みんな ともだち ずっとずっと ともだち がっこう
いっても ずっとともだ ち Yeah− みんな
ともだち ずっとずっと ともだち おとなに
なっても ずっとともだ ち（4呼間）

顔を8こ描く

♪みんな いっしょ に うたをう たっ た
みんな いっしょ に えを かい た
みんな いっしょ に おさんぽ をし た
みんな いっしょ に おおきく なっ た

髪や耳を描く

♪みんな ともだち ずっと ずっと ともだち がっ こう
いっても ずっと とも だ ち Yeah− みん な
ともだち ずっと ずっと ともだち おと なに
なっても ずっと ともだ ち（4 呼間）

残りの顔を描く

♪みんな いっしょ に プールで あそん だ
みんな いっしょ に ロボット をつくっ た
みんな いっしょ に かけっこ をし た
みんな いっしょ に おおきく なっ た

残りの髪や耳を描く

♪みんな ともだち ずっと ずっと ともだち がっ こう
いっても ずっと とも だ ち Yeah− みん な
ともだち ずっと ずっと ともだち おと なに
なっても ずっと ともだ ち（4 呼間）

 椅子にすわってあそぼう

 クラスで楽しかったみんなの思い出を
替え歌にして歌ってもいいね。

準備：椅子を円に並べてすわる。

❶ みんな

ガッツポーズをする。

❷ ともだち

4回手拍子する。

❸ ずっとずっと

❶と同じ。

❹ ともだち

手をクロスさせて
肩を4回たたく。

❺ がっこう

❶と同じ。

❻ いっても

ももを4回たたく。

❼ ずっとともだ

❶と同じ。

❽ ち Yeah

2回手拍子してから、右手をピースで前に出
す。左手は腰。

❾ みんな　〜　ともだち

❶〜❼❷をしてから、
右手をピース。

❿ みんないっしょに　うたをうたった

両手は腰で、右足を斜め前に出してから
元にもどす。この動作を2回。次に左足
でも2回。

**⓫ みんないっしょに
　えをかいた**

❿と同じ。

**⓬ みんないっしょに　〜
　おおきくなった　みんな**

手を上げながら立ち上がって右隣
に移動し、両手を下ろしてすわる。
この動作を4回。

**⓭ ともだち　〜
　ずっとともだち**

❷〜❾と同じ。

 発表会に発展させよう

右端になった子は、急いで左端に走るのが楽しい。
たくさん移動したいときは❿から始めてもOK。

準備：椅子を横1列に並べる。
基本は「椅子にすわってあそぼう」と同じ動作。

⓬の横移動のときに、右端になった人が左端
まで走って移動。
また、⓬の「（おおきくなっ）た」で両手を上げ
て立ち上がり、⓭から2番を立って動作する。

9月
10月
11月
12月
1月
2月
3月
日本のわらべうた＆世界のこどもうた
今月のうた
クラシック＆ディズニー
お話

9月
10月
11月
12月
1月
2月
3月
日本のわらべうた&世界のこどもうた
今月のうた
クラシック&ディズニー
お話

0〜5歳児

だるまさん（にらめっこ）

わらべうた

だ る ま さん　だ る ま さん　に ら めっ こ し ま しょ

わ ら う と ま け よ　あっ ぷっ ぶ

 基本のあそび方　保育者対子ども（複数）でも、子どもだけでもあそべます。

準備：2人組で向かい合う。

❶ だるまさん　〜　まけよ

歌詞に合わせて、両腕を上下にスイングする。

❷ あっぷっぶ

♪あっぷっ　パン！ パン！

♪ぷ

⇒

2回手拍子してから、最後の「ぷ」で相手を笑わせるように面白い顔をする。笑わなかった方が、勝ち。

 スキンシップであそぼう　「ぷ」で顔を近づけて、おでこをくっつけても楽しいね。

準備：保育者の足の上に、向かい合わせになるように子どもをのせる。

♪だるまさん・・・

両手で支えながらひざでリズムをとる。

♪ぷ

最後の「ぷ」で両ほっぺに触れたり、抱きしめたりする。

9月
10月
11月
12月
1月
2月
3月
日本のわらべうた&世界のこどもうた
今月のうた
クラシック&ディズニー
お話

0〜5歳児

おせんべやけたかな

わらべうた

お せ ん べ や け た か な

 **基本のあそび方**

先に抜けた子が勝ちでも、最後に残った子が勝ちでもOK! 好きなルールであそぼう。

準備：数人で丸くなり、円の中心に両手の甲を上にして出す。

保育者が指で「お・せ・ん・べ・や・け・た・か・な」と言いながら、一音ごとに子どもの手の甲を順番に指差していく。
「な」の歌詞に当たった最後の子どもの手を、表（手のひら側）に返す。この動作をくり返す。
表側がもう一度当たった手は、後ろに隠す。両手とも当たった人は円から抜けていく。

スキンシップであそぼう

お味噌や塩・胡椒など、好きなものをぬったりかけたりしてアレンジしてあそぼう。

準備：子どもを仰向けにして寝かせる。

＜追加のことば＞

「おせんべやけたかな」
のリズムに合わせて、
両手の人差し指で交互
に全身をつんつんする。

「おしょうゆぬって　ひっくりかえして」手のひらで全身を
なでてお醤油をぬるまねをしてから、うつ伏せにひっくり返す。
「あら、ぬりたりない」など言いながら、数回これをくり返す。

「おさとうふって　さあたべよう」
砂糖を振るまねをしてくすぐり
ながら、食べるまねをする。

9月
10月
11月
12月
1月
2月
3月
日本のわらべうた&世界のこどもうた
今月のうた
クラシック&ディズニー
お話

4・5歳児

おしくらまんじゅう

わらべうた

お し く ら まん じゅう お さ れ て な く な

基本のあそび方

💡 「絶対に手で押さないようにね」などと話して からあそぼう。寒い日でもすぐに暖まるね。

準備：子どもの人数に合わせて地面に円を描く。

せんからでないよ！

ガンバレ！
審判役

審判役

審判役

おしくらまんじゅう

地面に描いた円からはみ出ないようにして、背中合わせになっておしりで押し合う。
審判役の子が外から見ていて、円からはみ出たかを判定する。はみ出た子は、応援グループにまわって歌う。

2人組であそぼう

💡 線を引き、その線上であそぶと動いたのがわかりやすいよ。

準備：2人組で向かい合う。

歌いながら両手で押し合う。押されてもバランスを
崩さないように踏ん張り、動いた方が負けとなる。

おしくらまんじゅう

おっと…

4・5歳児

あんたがたどこさ

わらべうた

あん た が た ど こ さ　ひ ご さ　ひ ご ど こ さ　く ま も と さ　く ま も と
ど　こ　さ　せ　ん　ば　さ　　せ ん ば や ま に は た ぬ き が お っ て さ
そ れ を りょ う し が て っ ぽ う で う っ て さ
に　て　さ　や　い　て　さ　く っ て さ　　そ れ を こ の は で ちょ い と か ぶ せ

 基本のあそび方

💡 「さ」で片足を上げるところで、その場で素早くまわれると上級者です。

準備：ゴムまりやゴムボールなど（弾むもの）（以下まり）。

❶ あんたがたどこさ ～ それをこのはでちょいとかぶ　　**❷ せ**

1呼間ずつ、まりをつきながら、「さ」で片足を上げて
まりをくぐらせる。

まりを後ろから前へ、股の間をくぐ
らせてから両手でキャッチする。

 手であそぼう

トン！トン！　パン！　ぎゅう

1呼間ずつ両ももをたたき、「さ」
で手拍子。最後の「せ」で、胸の
前で両手をクロスする。

 2人組であそぼう

準備：2人組になって向かい合う。

基本は「手であそぼう」と同じ動作。
1呼間ずつ両ももをたたき、「さ」で両手合
わせする。最後の「せ」で両手をつないで
上げる。

円であそぼう

準備：円になってすわる。

タオルやハンカチ、お手玉を持って、歌に合わせて
リズムをとりながら「さ」で右隣の人に渡す。「せ」
で上に投げてからキャッチする。

 最後の「せ」は、好きな
ポーズを考えよう。

 正座して向かい合っても
できるね。

 タオル・ハンカチ・お手玉あそびは、
2人組でもできるよ。

4・5歳児

はないちもんめ

わらべうた

A
かってうれしい はないちもんめ まけーてくやしい はないちもんめ

A
となりのおばさん ちょいときておくれ おにーがこわくていかれない おかーまかぶって / とーんかぶって

B / A
ちょいときておくれ おかーまそこぬけ いかれない おふ / あのこがほしい あのこじゃわからん
ちょいときておくれ おふとーんビリビリ いかれない / こ このこがほしい このこじゃわからん

A B A B A B
そうだんしよう そうしよう ○○○ちゃんがほしい △△△くんがほしい ジャンケンポン

 基本のあそび方

💡 前に進んで足を蹴り上げるときに、相手の グループに当たらないように注意しよう。

「かって うれしい はないちもんめ」 だけ歌ったり、「ふるさと まとめて はないちもんめ」 と歌ったり、地域によって、いろいろな 歌詞に変化しています。

準備：2グループに分かれ、それぞれのグループで横に並んで手をつなぎ向かい合う。

❶ かってうれしい 〜 そうだんしよう

かってうれしい
はないちもんめ

AグループとBグループが交互に歌いながら、前後に歩いて移動する。
前に進むときは、最後に片足を前に蹴り上げる。反対側のグループは、後ずさりする。

❷ そうしよう

それぞれのグループで円陣を組み、相談 して相手グループの中から1人選ぶ。

❸ ○○○ちゃんが 〜 ほしい

ポン！

決めた子の名前を交互に言い合う。指名された子どもたちが前に出てじゃんけんする。負け た子は、勝った子のグループに加わる。じゃんけんに勝った子がいるグループからまた始める。

4・5歳児

でんでらりゅうば

長崎のわらべうた

でん でら りゅう ば　でて くる ばっ てん　でん でら れん けん で て

こん けん こん こ ら れん けん　こ ら れ ら れん けん　こん　こん

 **基本のあそび方**

歌いながら、右手の指の形を変えて左手のひらをタッチする。

 はじめはゆっくりのテンポで。できるようになったら、スピードアップして楽しもう!

❶ でん　❷ でら　❸ りゅう　❹ ば　❺ でてくる　〜　こられられんけん　❻ こんこん

 ➡  ➡  ➡ 　　

グーでタッチ。　親指でタッチ。　人差し指と中指でタッチ。　人差し指と小指でタッチ。　❶〜❹を5回。　❶を2回。

 2人組であそぼう

準備:2人組で向かい合う。

 ❹❻もすべて2回手合わせにして、❽は両手をつなぐと簡単になるよ。

❶ でんでら　❷ りゅうば　❸ でてくる　❹ ばってん　❺ でんでら

自分の手のひらを合わせておじぎする。　相手と2回手合わせ。　❶と同じ。　両手をクロスして2回手合わせ。　❶と同じ。

❻ れんけん　❼ でて　❽ こんけん　❾ こんこられんけん　こられられんけん　❿ こんこん

「れん」で右手、「けん」で左手を合わせる。　❶と同じ。　「こん」で右手、「けん」で左手をつなぐ。　手をつないだまま、その場で歩いてまわる。　❷と同じ。

2〜5歳児

ゆうびんやさん

わらべうた

ゆ　う　びん　や　さん　　おと　し　もの　　ひろっ　　て　あ　げ　ま　しょ

い　ち　ま　い　に　ま　い　さん　ま　い　よん　ま　い　ご　ま　い　ろ　く　ま　い

な　な　ま　い　はち　ま　い　きゅ　う　ま　い　じゅ　う　ま　い　あ　り　が　とう

 基本のあそび方（大なわあそび）

❷は自分たちで決めた枚数を跳んだり、何枚拾えるか（跳べるか）チャレンジしても楽しいよ。

❶ ゆうびんやさん　おとしもの　ひろってあげましょ

なわを持つ人は、なわを左右に3回ゆする。
跳ぶ人は、なわに合わせて往復で跳ぶ。

❷ 1まい　〜　10まい　ありがとう

持つ人は、歌詞に合わせて10回まわす。
跳ぶ人は、歌詞に合わせて10回跳ぶ。

＜郵便物を拾うver.＞

❷で跳んだとき、郵便物を拾うように地面に両手をつく
動作を入れる。

☆右頁のそれぞれの替え歌あそび（おたんじょうび・おともだち・おせんべい）の歌詞で「大なわあそび」をしよう。

替え歌でお誕生日を祝おう

♪おたんじょうび　おめでとう　おいわいしましょう
　1歳　2歳　3歳　4歳　5歳　6歳
　ありがとう

❷は年の数だけ指を出したり、好きな年齢でもOK!

❶ おたんじょうび　おめでとう
おいわいしましょう

❷ 1さい　～　6さい

\ 1さい / \ 2さい / \ 6さい /

❸ ありがとう

誕生日以外の人が歌う。

全員で歌詞に合わせて、指を順に前に出す。

誕生日の人が歌う。

 ## 替え歌で握手をしよう

♪おともだち　なれるかな　みんなであそぼう
　1人　2人　3人　4人　5人　6人　7人　8人　9人　10人
　たのしいな

握手しやすいようにゆっくりの
テンポでやってみよう。

❶ おともだち　なれるかな
みんなであそぼう

❷ ひとり　～　10にん

♪ひとり　ふたり…

\ 1人 / \ 3人 /
ぎゅう
\ 2人 /
こぎゅう

❸ たのしいな

\ 10人 /
ぎゅう
➡
♪たのしいな
ピョン！　ピョン！

歌いながら、好きなところを歩く。

歩きながら、歌詞に合わせて1人、
2人と異なる人と次々に握手する。

10人目に握手した人と向かい合って、両手をつなぎ
2回ジャンプする。

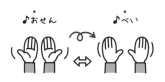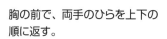 ## 替え歌でおせんべいを焼こう

♪おせんべい　やけたかな　はやくたべたい
　1枚　2枚　3枚　4枚　5枚　6枚　7枚　8枚　9枚　10枚
　ごちそうさん（ざんねんです）

❷の枚数をあそびのたびに変化させると
スリルがあって楽しいよ!

❶ おせんべい　やけたかな
はやくたべたい

❷ 1まい　～　10まい

♪おせん　♪べい

1まい　9まい　10まい

❸ ごちそうさん

胸の前で、両手のひらを上下の
順に返す。

保育者（おせんべいを焼く役）が、1枚2枚…と歌詞に合わせて、
ランダムに子どもの手を指差していく。10枚目に指差された人
の手を取り、食べるまねをする。10枚目の人は食べられないよう
に、急いで手を引っ込める。

食べられたら「ごちそうさん」
を歌う。
食べられなかったら「ざんねん
です」と歌う。

9月
10月
11月
12月
1月
2月
3月
日本のわらべうた&世界のこどものうた
今月のうた
クラシック&ディズニー
お話

1〜5歳児

London Bridge（ロンドン・ブリッジ）

イギリス民謡

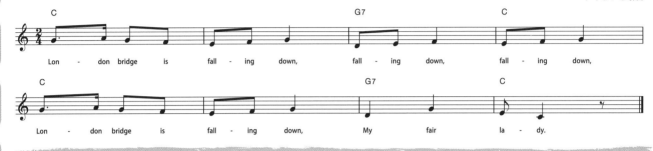

この曲はイギリスの童謡「マザー・グース」の曲のひとつです。歌詞は12番まであるとされており、さまざまな材料で橋をかけていくといった内容のとても長い曲ですが、日本ではほとんど1番しか歌われていません。

 ## 基本のあそび方

 橋を同時にたくさんつくってあそぼう。

橋役の2人が手をつないで上げる。その他の子どもはその下を歩く。
歌い終わったときに、手を下げて通っている子どもを捕まえる。
捕まった子どもと橋役を交代する。

 ## 全身であそぼう

 曲のテンポを速くしたり、遅くしたりして楽しもう。

❶ London bridge is
（ロンドンばし）

その場で歩く。

❷ falling 〜 down,
（おちる　おちる　おちる）

♪falling　♪down

歌詞に合わせて3回しゃがむ。

❸ London bridge
is falling down,
（ロンドンばしおちる）

❶ の後、❷ を1回。

❹ My fair lady.
（さあどうしましょう）

♪My fair lady

パン！
パン！
パン！

3回手拍子する。

 ## 替え歌でいろいろな橋にかえよう

 子どもたちといろいろなフレーズ＆動作を考えてあそぼう！

基本は「全身であそぼう」と同じ動作。
日本語詞「おちる」の部分を替え歌にし、その歌詞に合った動作をする。

＜例＞

♪のびる

ビョ〜ン！

手を頭の上で合わせ、つま先立ちをする。

♪かたまる

カチ　コチ

カチコチになる。

ゆれる：体を素早く左右にゆらす。
まわる：その場で素早くまわる。

2〜5歳児

Seven Steps（セブン・ステップス）

アメリカ民謡

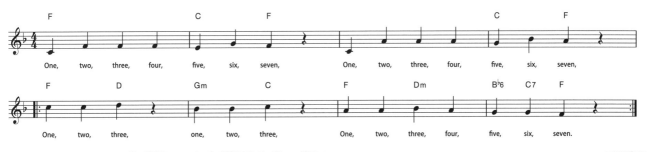

One, two, three, four, five, six, seven,　One, two, three, four, five, six, seven,

One, two, three,　one, two, three,　One, two, three, four, five, six, seven.

 基本のあそび方

ストップのときにいろいろな表情を一緒につけると楽しいよ。

 ⇔

One, two, three, four, five, six, seven,

好きなところを6歩歩く。「seven」でストップする。

 ⇔

One, two, three,

2歩歩いて、3歩目はストップする。歌詞に合わせてこれらをくり返す。

 全身であそぼう

「seven」のところは、いろいろなポーズを考えてみよう！

❶ One, two,　❷ three, four,　❸ five, six,　❹ seven,　❺ One 〜 seven,　❻ One, two, three, one, two, three,　❼ One 〜 seven.

2回ひざをたたく。　2回手拍子。　その場で素早くまわる。　右手をチョキで前に出す。　❶〜❹と同じ。　2回ひざ、1回手拍子。この動作を2回。　❶〜❹と同じ。

＜ボクシングver.＞

基本は「全身であそぼう」と同じ動作。

❶❷ One, two, three, four,

右左交互でボクシングのように手を前に出す。

 指であそぼう

ゆっくりのテンポで慣れてきたら速く！　また指を交互に出すのにも挑戦！

 ⇒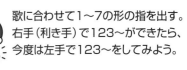

歌に合わせて1〜7の形の指を出す。右手（利き手）で123〜ができたら、今度は左手で123〜をしてみよう。

2〜5歳児

Head,Shoulders,Knees And Toes
（ヘッド・ショルダーズ・ニーズ・アンド・トゥズ）

イギリス民謡

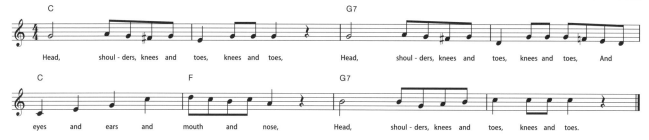

 基本のあそび方　はじめはゆっくり歌い、だんだん速くしていきながらあそぼう。

体の部位を英語で何と言うかが覚えられるあそび歌です。

❶ Head,	❷ shoulders,	❸ knees	❹ and toes,	❺ knees and toes,
両手で頭をかるくたたく。	両手で肩をかるくたたく。	両手でひざをかるくたたく。	両手でつま先を触る。	❸ ❹と同じ。

❻ Head, 〜 toes,	❼ And eyes	❽ and ears	❾ and mouth	❿ and nose,	⓫ Head, 〜 toes.
❶〜❺と同じ。	両手の人差し指で目を指差す。	両手で耳たぶをひっぱる。	両手で口を指差す。	両手で鼻を指差す。	❶〜❺と同じ。

 2人組であそぼう　頭を下げたときに、ぶつからないように注意しよう。

準備：2人組で向かい合う。　基本は「基本のあそび方」と同じ動作。

❶〜❺ Head, 〜 toes,	❻ Head, 〜 toes,	❼〜❿ And 〜 nose.	⓫ Head, 〜 toes.
1人が相手の体をタッチ。	タッチする人を交代する。	自分の体をタッチ。	2人でお互いの体の左側をタッチ。

2〜5歳児

Are You Sleeping（アー・ユー・スリーピング）

フランス民謡

この曲は、フランス民謡の『フレール・ジャック』が原曲となっています。

 輪唱で歌おう

保護者にも参加してもらって、きれいなハーモニーを感じよう。

1組目が「Are you sleeping」と2回歌ったら、
2組目が「Are you sleeping」と歌い始めます。
最初は2組から始めて、うまくできるようになったら
3組、4組と増やしていくと、
音が重なり合ってきれいなハーモニーが生まれます。

動作で輪唱してあそぼう

動作をつけて追いかけっこするので、右左、上下、
前後などに分かれるような動作を考えてみよう。

歌の輪唱のように、1組目が ❷ の「Are you sleeping」の動作を
してから、2組目がスタート。動作も追いかけっこしてあそびましょう。

☆このメロディーは、「グーチョキパーでなにつくろう」
のあそび歌の元になっている曲と同じです。

❶ Are you sleeping,

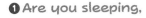

首だけ右を向いてから、
体も右を向く。

❷ Are you 〜
　 Brother John?

❶ を3回（正面に戻る）。

❸ Morning 〜 ringing.

2回ジャンプしてからしゃがむ。
この動作を2回。

❹ Ding, dang, dong.
　 Ding, dang, dong.

2回手拍子してから、両手をあげて
キラキラさせる。この動作を2回。

9月
10月
11月
12月
1月
2月
3月
日本のわらべうた&世界のこどもうた
今月のうた
クラシック&ディズニー
お話

2～5歳児

Row Row Row Your Boat
（ロウ・ロウ・ロウ・ユア・ボート）

イギリス民謡

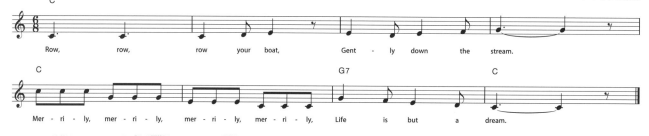

Row, row, row your boat, Gent-ly down the stream.

Mer-ri-ly, mer-ri-ly, mer-ri-ly, mer-ri-ly, Life is but a dream.

 船を漕いであそぼう

💡「サメがきたぞ～！ 急いで漕ごう」「さかなと一緒にのんびり漕ごう」など、ごっこあそびをしながら楽しめるよ。

準備：床または椅子にすわる。

❶ Row, ～ boat,

両手でオールを漕ぐように、左上から斜めに下ろす。この動作を2回。

❷ Gently ～ stream.

❶の動作を右上からする。

❸ Merrily, ～ merrily,

4回手拍子する。

❹ Life is but a dream.

ボートを漕ぐまねをする。

 円であそぼう

💡寝転がった後も、手をつないだまま頑張って起き上がってみよう。腹筋を使うよ！

準備：足を円の中心に向けて伸ばしてすわる。　基本は「船を漕いであそぼう」と同じ動作。

❸ Merrily, merrily, merrily, merrily,

両隣の人と4回手合わせ。

❹ Life is but a dream.

両手をつないだまま仰向けに寝転がる。

 2人組じゃんけんであそぼう

💡❶❷❸で出すグーチョキパーの順番を入れ替えてやってみよう。

準備：2人組で向かい合う。

❶ Row, row, row your boat,

自分の手・相手の左手・自分の手をたたき、グーを出す。

❷ Gently ～ stream.

❶の動作の最後に、チョキを出す。

❸ Merrily, ～ merrily,

❶の動作の最後に、パーを出す。

❹ Life is but a dream.

かいぐりしてからじゃんけんする。

2～5歳児

Sarasponda（サラスポンダ）

フィンランド民謡

Sa ras pon da, sa ras pon da, sa ras
サ ラス ポン ダ サ ラス ポン ダ サ ラス

Ponda, ponda, ponda, ponda, ponda, ponda, ponda, ponda, ponda, ponda, ponda, ponda,
ポンダ ポンダ ポンダ ポンダ ポンダ ポンダ ポンダ ポンダ ポンダ ポンダ ポンダ ポンダ

pon da ret set set. Sa ras pon da, sa ras pon da, sa ras pon da ret set set.
ポン ダ レッ セッ セ サ ラス ポン ダ サ ラス ポン ダ サ ラス ポン ダ レッ セッ セ

ponda, ponda, ponda, ponda, ponda, ponda, ponda, ponda, ponda, ponda, ponda. Ah
ポンダ ポンダ ポンダ ポンダ ポンダ ポンダ ポンダ ポンダ ポンダ ポンダ ポンダ オ

door ray oh, ah door ray boom day oh. Ah door ray boom day ret set set. Ah say pa say oh.
ドー ラ オ オ ド ラ ボン ダ オ オ ド ラ ボン ダ レッ セッ セ オ セ ポ セ オ

この曲は、糸をつむぐことを歌ったフィンランド民謡です（オランダ民謡と言われることもあります）。歌の伴奏として糸をつむぐ音を「ポンダ　ポンダ」と規則正しいリズムで表しています。

 手であそぼう

 好きな体の部分を4か所決めてあそんでもOK！はじめはゆっくりなテンポで。

❶ サラスポンダ 〜 レッセッセ

＜共通＞

 ♪サラス ♪レッセッ バン！
 ♪ポンダ
 ♪ポンダ
 ♪ポンダ
 ♪ポンダ
 ♪セ

❷ オドーラオ 〜 オセポセ

 ♪オドーラオ バン！バン！バン！バン！

❸ オ

 ♪オ

「サラス」で手拍子「ポンダ」で頭を触る。次の「サラスポンダ」は手拍子・耳。次は手拍子・肩。「レッセッセ」で手拍子・ひざ。この動作を2回。

14回手拍子。

好きなところを触る。

 2人組であそぼう

ポンダ組と歌組を入れ替えながらくり返し楽しもう。円でもあそべるよ。

準備：2人組（ポンダ組・歌組）。

❶ サラスポンダ 〜 レッセッセ

 ポンダ 歌組 ポンダ ポンダ組

❷ オドーラオ 〜 レッセッセ

 ♪オドーラ ♪オー

❸ オセポセオ

 ♪オセポセ ♪オ ストップ！

ポンダ組は「ポンダポンダ」と歌いながら、8回立ったりしゃがんだりする。歌組は歌いながらポンダ組の周りをまわる。

向かい合って手をつなぎ、右左にゆれる。この動作を3回。

歌詞に合わせて❷の動作を素早く2回してから、「オ」でストップする。

9月
10月
11月
12月
1月
2月
3月
日本のわらべうた＆世界のこどもうた
今月のうた
クラシック＆ディズニー
お話

2～5歳児

CD 01 ぼよよん行進曲

作詞：中西圭三／田角有里　作曲：中西圭三　編曲：悠木昭宏

どんな大変な事が起きたって
君の足のその下には
とてもとても丈夫な
「ばね」がついてるんだぜ（知ってた？）
押しつぶされそうなそんな時だって
ぐっ！とひざっ小僧に勇気をため
「今だ！スタンバイ！OK!」
その時を待つのさ

ぴゅ～ら～り～ら～　風が君を呼んでいるよ
ぴゅ～ら～り～ら～ら～　今こそ！

ぼよよよ～んと空へ　飛び上がってみよう
ほら　あの雲まで　手が届きそう
ぼよよよ～んと高く　飛び越えてゆこう
虹のふもとで　笑顔で待ってる君がいる

ぼよよよ～んと空へ　飛び上がってみよう
ほら　あの星さえ　手が届きそう
ぼよよよ～んと高く　飛び越えてゆこう
星のしずくは　初めての明日へとつづく
（ぼよよよ～ん　yeah～　ぼよよよ～ん　yeah～）

  元気に歩こう

💡 円隊形で歩き、少しずつ崩していきながら、人とぶつからないように
好きなところを歩く（小さい子どもは円の周りを歩いてもOK）。

全曲を通していろいろな歩き方をし、曲の楽しさを感じてみましょう。
あそびの中で「ぶつからないように」など、人との距離感が自然にとれるようになることが大切です。

<例>　①普通に歩く（フレーズごとに敬礼したり、手を上げて歩こう）。　②大股で歩く。

③後ろ向きに歩く。

④フレーズ（8呼間 or 16呼間）ごとに向きを
変えて歩く。あるいは足踏みをする。

元気に行進&ジャンプしよう   2人組であそぼう

 2人組ver.を親子で踊り、❼で手をつないで保護者が子どもをジャンプさせると楽しいよ。

※同時に2人組ver.も紹介（異なる箇所のみ右囲み）

❶ 前奏24呼間

腰に手をあてて、ひざでリズムをとる。

2人組で前後に並び、ひざでリズムをとる。

❷ どんな ～ ついてるんだぜ（しってた？）

敬礼で歩く。「しってた？」の後、手を斜め上に上げる。

先頭の人だけ手を斜め上に上げて、好きなところを歩く。

❸ おしつぶされそうな ～ まつのさ

手を斜め前に上げて歩く。

先頭を交替して❷と同じ。

❹ ぴゅ～ら～り～ら～

両手を上で右左に振る。

向かい合い、両手を合わせてシーソーのようにゆれる。

❺ かぜが ～ いるよ

もも打ち2回、手拍子2回。この動作を2回。

もも打ち2回、手合わせ2回。この動作を2回。

❻ ぴゅ～ら～ ～ いまこそ！

❹と、❺の動作を3回して、もも打ち2回、手拍子1回。

❹と、❺の動作を3回して、もも打ち2回、手合わせ1回。

❼ （ぼよよ）よ～んと ～ ほら

 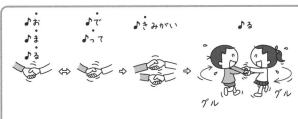

大きく4回ジャンプする。

両手で押し合って後ろへジャンプし、すぐに手合わせする。この動作を2回。

❽ あのくも ～ とどきそう

その場で歩いてまわる（反対まわりも）。

❾ （ぼよよ）よ～ん ～ きみがいる

❼❽と同じ。「る」で手を上でキラキラさせる。

❼の動作を3回した後、右左交互に握手をする動作を4回。ただし4回目は手を離さない。最後の「る」で素早くまわる。

❿ （ぼよよ）よ～ん ～ あしたへとつづく

❼～❾と同じ。

⓫ （ぼよよ）よ～ん ～ yeah ～

4呼間ジャンプしてから、その場で片手を突き上げながら歩く。この動作を2回。

❼の動作をしてから、右手を上げながら近づく。この動作を2回。

⓬ 後奏8呼間

その場でまわり、最後に「yeah!」と叫んで両手を上げる。

9月 10月 11月 12月 1月 2月 3月 日本のわらべうた&世界のこどもうた 今月のうた クラシック&ディズニー お話

107

4・5歳児

CD 02 ロコ・モーション

作詞・作曲：ジェラルド・ゴフィン／キャロル・キング　日本語詞：音羽たかし　編曲：丹羽あさ子

さあさあダンスのニュー・モード
(Come on baby do the Locomotion)
だれでも一度で　好きになる
(Come on baby do the Locomotion)
小さい子供も　OK　ABC習うより　やさしい
Come on, come on do the Locomotion with me
☆お尻をピョンとはね　スイングして
　そう　そう　そうそれでいいのよ　ウォウ　ウォウ

くさりのように　つながって
(Come on baby do the Locomotion)
汽車とおんなじに　シュッポッポ
(Come on baby do the Locomotion)
もう　お上手になりました　リズムに合わせて　楽しく
Come on, come on do the Locomotion with me
☆くりかえし

手と手をつないで　ロコ・モーション
(Come on baby do the Locomotion)
グルグル回って　ロコ・モーション
(Come on baby do the Locomotion)
こんなにやさしいダンス　ゆううつなんか　吹っ飛ばせ
Come on, come on do the Locomotion with me
☆くりかえし

なわとびであそぼう

なわとびをフープに替えても、同じようにあそべるよ。❽は、跳んでもまわしてもOK!

準備：なわとびを1/4の長さにして、床（地面）に置く。

❶ 前奏16呼間　❷ さあさあダンスのニュー・モード　❸ Come on baby do the Locomotion　❹ だれでも 〜 やさしい　❺ Come on, come on

音楽を聞く。　なわとびの上を右左に2回跳ぶ。　その場で走ってまわる。　❷❸を2回。　両手を上げる。

❻ do the Locomotion with me　❼ おしりを ピョンとは　❽ ね 〜 れでいいのよ　❾ ウォウ ウォウ

しゃがんで、なわとびをとり、跳べるように持つ。　立ち上がって、跳ぶ準備をする。　前跳びや後ろ跳びなどをする。跳ばずに、体の前で右左にクロスしてもよい。　片足をなわとびにかけ、後ろに上げてバランスをとる。

*間奏でなわとびを1/4にたたみ、床（地面）に置いて、2番以降、同じメロディーは1番と同じ動作をする。

☆❸は違う場所に移動して踊ってもよいです。
　ただし、それぞれの子ども用になわとびの長さが決まっている場合は、❹の2回目で自分のなわとびのところにもどるようにしましょう。

全身であそぼう（人数が増えるダンス）

列の前後は人数が増えてもペアは変わらないよ！

準備：2人組。途中から4人→8人→16人または全員（子どもたちだけでもできます）。

❶ 前奏16呼間

＜1番＞2人組

❷ さあさあダンスのニュー・モード

❸ Come on baby do the Locomotion

❹ だれでも ～ Locomotion

2人組で列になって音楽を聞く。

前に8歩進む。

両手を車輪のように4回まわす。

❷❸と同じ。

❺ ちいさい ～ OK

❻ ABC ～ やさしい

❼ Come on, come on

❽ do the ～ ピョンとは

大人が前へ移動する。子どもはその場で8回手拍子。

子どもが大人の前へ移動する。大人はその場で8回手拍子。

その場で素早く回り、向かい合う。

手をつなぎ、おしりを振る。

❾ ね スイングして そう そう そうそ

❿ れでいいのよ

⓫ ウォウ ウォウ

♪れでいいのよ～

♪ウォウ ♪ウォ ♪ウ

手をつないだまま、右左にジャンプする。この動作を4回。

6回手合わせする。

右手・左手の順に胸の前で手をクロスさせて、最後に頭の上で手をキラキラさせる。

⓬ 間奏12呼間

＜2番＞4人組

⓭ くさりのように ～ ウォウ

⓮ 後奏8呼間

同じメロディーは1番と同じ動作をする。
ただし、❽から手をつなぎながら4人で円になり、
❿は両隣の人と手合わせする。

＊3番以降、同じメロディーは1番と同じ動作をする。
　それぞれの間奏で人数を増やしていく。

縦4人組の列になる。

＜インスト＞8人組

＜3番＞16人組または全員

円の中心に向かって4歩入り4歩もどって、最後に手を上げる。

2〜5歳児

CD 03 Oh! AIWO

作詞・作曲：仲宗根泉　編曲：本田洋一郎

☆歌おうよ　Oh! AIWO
　キミの言葉で　Oh! AIWO
　響かせて　Oh! AIWO
　みんな一緒に　Oh! AIWO

手を叩いたら　Clap Clap Clap
足を鳴らせば　Step Step Step
お腹に触れて　Touch Touch Touch
最後はキミの好きな音で
☆くりかえし

怒った時は　Smile Smile Smile
悲しい時は　Laugh Laugh Laugh
楽しい時は　Dance Dance Dance
最後はキミの好きな顔で
☆くりかえし

歌おうよ　Oh! AIWO
キミの言葉で　Oh! AIWO
伝えたい　Oh! AIWO
音のない世界でも　Oh! AIWO
ここは音の島
ガザダバブー

 ### 替え歌でごあいさつしよう

> 保育者がはじめの部分を歌い、子どもたちがごあいさつの言葉だけを歌ってもOK！

○○園のうたとして、替え歌をつくりました。朝・昼・お帰り・夜のごあいさつに！

♪あさがきた　おはよう
　きみをみて　おはよう
　げんきよく　おはよう
　みんないっしょに　おはよう

　おひるです　いただきます
　きみをみて　いただきます
　げんきよく　いただきます
　みんないっしょに　いただきます

♪おかえりは　さようなら
　きみをみて　さようなら
　げんきよく　さようなら
　みんないっしょに　さようなら

　ねるときは　おやすみ
　ゆめをみて　おやすみ
　ちいさなこえで　おやすみ
　みんないっしょに　おやすみ

　　　　ここは○○園　ガザダバブー

♪あさがきた

♪おは　♪よう

 ### 2人組であそぼう

準備：2人組で向かい合って、手をつなぐ。　基本は右頁の「全身であそぼう」と同じ動作。

① うたおうよ

つないだ手を上下に振る。

㉒ ここはおとのしま

両手を合わせて交互に上下させる。

② Oh! AIWO

♪Oh!　♪AI　♪WO

右・左・両手の順に手合わせする。

㉓ ガザダバブー

♪ガザダバ　♪ブー

両手をつないで小さくなり「ブー」でジャンプして、頭の上で両手を合わせる。

④ 間奏16呼間

両手をつないでその場で歩いてまわる（スキップしながら違う相手と組んでもよい）。

 **全身であそぼう**　 振りがたくさんあるので、まずは❶〜❸だけでもOK!

❶ うたおうよ　❷ Oh! AIWO　❸ キミのことばで 〜 Oh! AIWO　❹ 間奏 16 呼間

手を右左に振る。

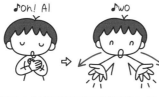

「Oh! AI」で手を胸の前で合わせ、
「WO」で手を広げ前に出す。

❶❷を3回。

後打ちのリズムで8回
手拍子する。

❺ てをたたいたら　❻ Clap Clap Clap　❼ あしをならせば　❽ Step Step Step

右左の順に、手をパーにして
前に出す。

3回手拍子する。

右左の順に、足を高く
上げ下ろす。

3回ジャンプする。

❾ おなかにふれて　❿ Touch Touch Touch　⓫ さいごはキミのすきなおとで　⓬ うたおうよ 〜 Oh! AIWO

右左の順に、手を
おなかにあてる。

両手でおなかを3回たたく。

右手の人差し指で3回指差し、
「おとで」で両手をキラキラさせる。

❶ 〜 ❸と同じ。

⓭ 間奏16呼間　⓮ おこったときは　⓯ Smile Smile Smile　⓰ かなしいときは

❹と同じ。

腕を組み、ほほをふくらま
せて首を振る。

ほほを両手の人差し指で
3回触る。

目の下に手をあてて、
泣くまねをする。

⓱ Laugh Laugh Laugh　⓲ たのしいときは　⓳ Dance Dance Dance　⓴ さいごはキミのすきなかおで

笑顔で、顔の横で両手をキラキラさせる。

ほほに手をあてて首を振る。

脇を3回締める。

⓫と同じ。

㉑ うたおうよ 〜 世界でも Oh! AIWO　㉒ ここはおとのしま　㉓ ガザダバブー

❶ 〜 ❸と同じ。この動作を2回。

手を交互に上下させる。

「ガザダバ」でゆれながら小さくなり、「ブー」で立ち上がり、
両手を頭の上でキラキラさせる。

4・5歳児

CD 04 動物園へ行こう

作詞・作曲：パックストン　訳詞：海野洋司　編曲：悠木昭宏

Zoo! Zoo! Zoo! ～

どうぶつえんへ　いこうよ
みんなでいこうよ
どうぶつえんはZooってんだ
さあ　いこう
さあ　もうすぐZoo Zoo Zoo
きみも　You You You
おいで　Go Go Go
そら　きた　きた　Zoo Zoo Zoo

ぞうのハナは　ながいぞ
ブラブラ　ゆれるぞ
えんぴつみたいな　おヒゲは　オットセイ
なんでもいる　Zoo Zoo Zoo
ぞうは　ゾー　ゾー　ゾー
おハナ　ブン　ブン　ブン
さあ　ごらんよ　Zoo Zoo Zoo

あかいおしり　みつけた
キョロキョロ　おさるだ
くろいくまは　ノッソリ　あくびする
なんでもいる　Zoo Zoo Zoo
サルは　キャッ　キャッ　キャッ
くまは　Uoo Uoo Uoo
ほら　ゆかいな　Zoo Zoo Zoo

たのしいけど　そろそろ
おひさま　しずむぞ
もうねむいよ　おうちへ　かえろうか
おやどうした　スースースー
みんな　コックリコ
きょうは　いちにちじゅう
くたびれたよ　Zoo Zoo Zoo

あしたも　いくぞ　みんなで
いこうよ　いこうよ
パパも　ママも　すきなんだ
どうぶつえん
なんでもいる　Zoo Zoo Zoo
パパと　You You You
ママと　Go Go Go
さあ　いこうよ　Zoo Zoo Zoo

後打ちのリズムに乗ろう

 あそんでいると後打ちのリズムがとれるようになるよ。

2/2拍子の後打ちの曲。
後打ちのリズム「1と2と」を「♩手拍子♩手拍子」（ン・パ・ン・パ）
この手拍子をくり返しながら歌いましょう。
自然と後打ちのリズムの感覚がわかるようになります。

指で数字をつくろう

 はじめはCDに合わせないで、ゆっくり歌いながらやってみよう。

❶どうぶつえんへ ～ どうぶつえんは

後打ちのリズムで、右左交互に指を
1から5まで順に出す。

❷Zooってんだ　さあ　いこう　さあ

両指で1から5まで、順に出す。

❸もうすぐ

かいぐりする。

❹Zoo Zoo Zoo

歌詞に合わせて、
両指で1・2・3を出す。

❺きみも ～ Zoo Zoo Zoo

❸❹を3回。

＜特別難しいver.＞

❶❷どうぶつえんへ ～ いこう　さあ

後打ちのリズムで、右左交互に違う数字を順に出す。
例　右1・左2・右3・左4・右5・左1・右2

❹Zoo Zoo Zoo

かいぐりの間に、保育者が言った数字
（1～10）を3回出す。
または、「You You　You」は3・4・5
「Go　Go　Go」は5・4・3
「Zoo　Zoo　Zoo」は3・2・1を出す。

 全身であそぼう

 「Zoo」「You」「Go」のところを一緒に歌いながらあそぼう。

9月
10月
11月
12月
1月
2月
3月
日本のわらべうた&世界のこどもうた
今月のうた
クラシック&ディズニー
お話

＜1番＞
❶ 前奏16呼間

音楽を聞き、「Zoo! Zoo! Zoo!〜」のところは、右手を3回上げる。

❷ どうぶつえんへ 〜 さあ もうすぐ

両手を体の横につけて、リズムに合わせて歩く。

❸ Zoo Zoo Zoo 〜 Zoo Zoo Zoo

「Zoo」「You」「Go」のところで手を上げながらジャンプする。

＜2番＞
❹ ぞうのハナは 〜 なんでもいる

ゾウの鼻のように両手を右左にブラブラさせながら、横歩きをする。

❺ Zoo Zoo Zoo 〜 Zoo Zoo Zoo

❸と同じ。

❻ 間奏16呼間

首でリズムをとりながら音楽を聞く。

＜3番＞
❼ あかいおしり 〜 なんでもいる

両手を前に突き出して、キョロキョロしながら前へ歩く。

❽ Zoo Zoo Zoo 〜 Zoo Zoo Zoo

❸と同じ。

＜4番＞
❾ たのしいけど 〜 おやどうした

背中を丸めて、手は下にだらりと脱力してトボトボと歩く。

❿ スースースー 〜 Zoo Zoo Zoo

寝るまねをする。

⓫ 間奏24呼間

ゆっくり目覚めて、「Zoo Zoo Zoo 〜」のところは、右手を3回上げる動作を4回。

＜5番＞ 2人組
⓬ あしたも 〜 なんでもいる

⓭ Zoo Zoo Zoo 〜 Zoo Zoo Zoo

1人で好きなところを走り、2人組になって手をつなぐ。

手をつないだまま向かい合い、手を上げながら❸のようにジャンプする。

⓮ 後奏8呼間

首を振りながら音楽を聞き、最後にジャンプでハイタッチ。

☆⓬は3〜5人で1列になって行進、⓭は「Zoo」「You」「Go」のところで歌詞に合わせて片手を3回上げてもよいです。

113

4・5歳児

CD 05 赤鬼と青鬼のタンゴ

作詞：加藤　直　　作曲・編曲：福田和禾子

秋風の忘れもの
夕焼け　ピーヒャララ
こんもり深い山奥に
風にのってとどいた

つのつの一本　赤鬼どん
つのつの二本　青鬼どん
心うかれて
心うかれて踊りだす
月の瞳　ロンロンロンロン
だんだらつの　ツンツンツンツン
ああ　夜は今　踊ってる
タンゴのリズム

秋風の忘れもの
夜空に　ドンドコショ
しんしん暗い山奥に
山彦どんどことどいた

つのつの一本　赤鬼どん
つのつの二本　青鬼どん
心うかれて
心うかれて踊りだす
月の瞳　ロンロンロンロン
だんだらつの　ツンツンツンツン
ああ　夜は今　夢ごこち
タンゴのリズム

 **2人組でタンゴを踊ろう**

 ⑨は気持ちを合わせて大股でタンゴのリズムで歩こう！

準備：角1本の赤鬼役と角2本の青鬼役の2人組で向かい合う。

❶ 前奏24呼間

音楽を聞く。

❷ あきかぜの わすれもの

ひざを2回、手合わせ1回をした後、「ウー」と言いながら肩を上げる。この動作を2回。

❸ ゆうやけ ピーヒャララ

手をつないだまま、右左に2回ゆれる。

❹ こんもり ～ とどいた

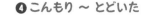

❷❸を2回。

❺ つのつのいっぽん あかおにどん

赤鬼は頭の上で両手を合わせて角1本をつくり、その場で歩いてまわる。青鬼はその場で7回手拍子。

❻ つのつのにほん あおおにどん

青鬼は頭の上で人差し指を出して角2本をつくり、その場で歩いてまわる。赤鬼はその場で7回手拍子。

❼ こころうかれて こころうかれて

❸と同じ。

❽ おどりだす ＋ 8呼間

手を離して1人でその場で素早くまわり、再び手を合わせて進行方向を向いてストップ。

＊2番以降、同じメロディーは1番と同じ動作をする。

❾ つきの ～ リズム ＋ 間奏16呼間

タンゴの4拍子のリズムに合わせて大股で好きなところを歩く。

＜2番後半＞
❿ タンゴの＋8呼間

手を合わせたまま、その場で素早くまわる。

⓫ リズム

歌詞に合わせて、ゆっくりひざ打ち2回と手合わせ1回。

⓬ 後奏7呼間

4呼間ストップしてから、最後に顔の横で2回手拍子。

カスタネットとタンバリンであそぼう

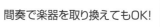 間奏で楽器を取り換えてもOK!

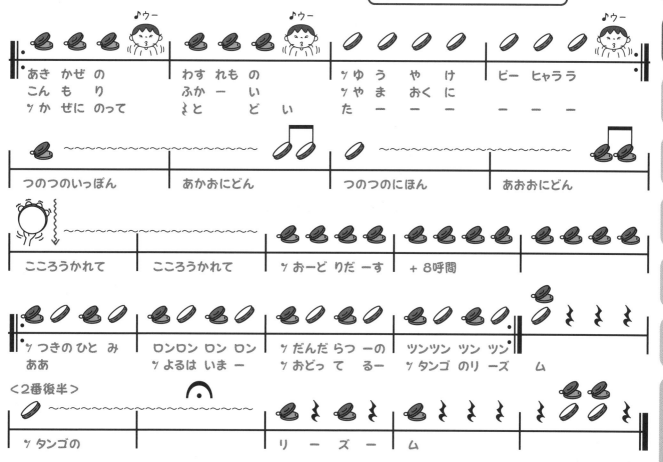

♪ウー　♪ウー　♪ウー

あき　かぜ　の	わす　れも　の	⌒ゆ　う　や　け	ピー　ヒャ　ラ　ラ
こん　も　り	ふか　ー　い	⌒や　ま　おく　に	ー　ー　ー
⌒か　ぜに　のって	⌒と　　　い	た　ー　ー　ー	ー　ー　ー

| つのつのいっぽん | あかおにどん | つのつのにほん | あおおにどん |

| こころうかれて | こころうかれて | ⌒おーど　りだ　ーす | ＋8呼間 |

| ⌒つきの　ひと　み | ロンロン　ロン　ロン | ⌒だんだ　らつ　ーの | ツンツン　ツン　ツン | |
| ああ | ⌒よるは　いま　ー | ⌒おどって　　るー | ⌒タンゴ　のリ　ーズ | ム |

＜2番後半＞

| ⌒タンゴ　の | | リー　ズー | ム | |

 **絵をかいてあそぼう**

 眉毛を描くときに、怒った眉は下から上に上がることを意識してね。

（あかおに）　　（あおおに）

　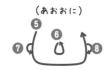　　　　

❶♪あき　かぜ　の　❷わす　れも　の
❸♪ゆうや　け　❹ピーヒャララ
❺♪こん　もり　❻ふか　ー　い
❼♪やまお　く　❽に　ー
❾♪かぜにのってとどい　❿♪た　ー　ー　ー
⓫♪つのつの　いっぽん　⓭♪つの　つの　に　ほん
⓬♪あか　おに　どん　⓮♪あお　おに　どん　⌒

⓯♪こころ　うかれて　⓰♪こころ　うかれて　⓱♪おど　りだ　⓲♪す　ー

⓳♪つきのひとみ　⓴♪ロン　ロン　ロン　ロン
㉑♪だんだらつの　㉒♪ツン　ツン　ツン　ツン
㉓♪ああ　㉔よるはいま　㉕♪おどって　てる
㉖♪タ　ンゴ　㉗のリズ　㉘♪ム　ー

9月
10月
11月
12月
1月
2月
3月
日本のわらべうた&世界のこどもうた
今月のうた
クラシック&ディズニー
お話

2~5歳児

CD 06 **ラジャ・マハラジャー**

作詞：福田三月子　作曲：吉川洋一郎　編曲：吉川洋一郎

インドの子供がなりたいものは
ラジャ ラジャ マハラジャー
赤い飾りの象牙の馬車で
ラジャ ラジャ マハラジャー
北から南へ行列つれて
お妃 探しに行くそうな
☆まあ！まあ！
　ラジャ ラジャ マハラジャー
　ラジャ ラジャ マハラジャー

インドでいちばん大金持ちは
ラジャ ラジャ マハラジャー
銀の孔雀の羽からとった
ラジャ ラジャ マハラジャー
夢からさめない クスリを飲んで
千年 長生き するそうな
☆くりかえし

インドへ行ったら会いたい人は
ラジャ ラジャ マハラジャー
金の天窓 大きく開けて
ラジャ ラジャ マハラジャー
月から星から 光を集め
お城のランプに するそうな
☆くりかえし

ラジャ ラジャ マハラジャー
ラジャ ラジャ マハラジャー

お手玉をのせて踊ってみよう

 まずはお手玉を頭の上にのせて歩いたり、バランスをとったりしよう。

お手玉を頭にのせて落とさないようにして全曲通してあそびましょう。

お手玉をのせて椅子にすわってあそぼう

準備：椅子を丸く並べてすわる。　基本は右頁の「全身であそぼう（インド風ダンス）」と同じ動作。

❷ インドのこどもがなりたいものは　❸ ラジャ ラジャ マハラジャー　❺ きたから ～ いくそうな　❽ 間奏16呼間

両手を合わせておしりでリズムをとる。　両手両足を上げ下げする　腰をまわす（反対まわりも）。　8呼間ずつで右隣の椅子に移動する（2回）。

発表会に発展させよう

 1番：自由隊形　2番：縦4列　3番：横4列で踊ると運動会用に。❼から隊形移動してね。

準備：手首に鈴をはめる。A・Bの2つのグループに分かれる。　基本は右頁の「全身であそぼう（インド風ダンス）」と同じ動作。

＜1番＞　　　　自由隊形でAグループが踊る。
間奏16呼間　　グループが入れ替わる。
＜2番＞　　　　自由隊形でBグループが踊る。
間奏32呼間　　それぞれが横1列になる。
　　　　　　　（会場・人数によっては、A・Bそれぞれで2列や4列になる）
＜3番＞　　　　A・B一緒に列で踊る。❺はその場でまわる。
　　　　　　　❼は両隣の人と手をつないで上げ下げする。

☆発表会などの衣装イメージ

全身であそぼう（インド風ダンス）

 真面目な表情で音楽がかかるまで絶対動かず、前奏の音楽と同時に勢いよく動き出そう。

準備：前奏・間奏以外は、両手の親指と人差し指で丸をつくる。

❶ 効果音＋前奏32呼間

両手を胸の前で合わせて、体を上下にクネクネさせる。

❷ インドのこどもがなりたいものは

♪インドのこどもが　♪なりたいものは

2呼間ずつで、手を交互に上げ下げする。この動作を2回。

❸ ラジャ ラジャ マハラジャー

❷の最初のポーズのまま、その場でジャンプしてまわる。

❹ あかいかざり ～ マハラジャー

❷❸と同じ
（ただし反対まわりで）。

❺ きたから ～ いくそうな

♪きたからみなみへ…

平泳ぎのように両手を8回かきながら、歩く。

❻ まあ！ まあ！

♪まあ！ まあ！

手のひらを前にして顔を隠し、手の上下を入れ替える。

＊2番以降、同じメロディーは1番と同じ動作をする。

❼ ラジャ ～ マハラジャー

♪ラジャラジャ　♪マハラ

両手を上げ下げしながら走る。

❽ 間奏16呼間

❶と同じ。

❾ 後奏4呼間

両手を胸の前で合わせて首を振る。

9月
10月
11月
12月
1月
2月
3月
日本のわらべうた&世界のこどもうた
今月のうた
クラシック&ディズニT
お話

2～5歳児

CD 07 リンゴの森の子猫たち（スプーンおばさん）

作詞：松本　隆　作曲：筒美京平　編曲：小笠原寛

☆リンゴの森の子猫たちに誘われたのよ　楽しいパーティー
　木靴カタコト　タップダンス　枝に小鳥のコーラス隊ね

すきよスプーンおばさん　さあさいっしょに踊りましょう
すきよスプーンおばさん　シェイプ・アップもしなくちゃね
ほらみえないしあわせと　クルクル手をつないで
くまのドラムにあわせながら　シルク・ハットのアヒルが踊るの
みんな笑顔ではちきれそう　だってきょうはおばさんのバースディ

すきよスプーンおばさん　はにかんだ目がすてきなの
すきよスプーンおばさん　あなたみたいに生きたいわ
ほら世界のてっぺんで　クルクル輪をえがいて
☆2回くりかえし
枝に小鳥のコーラス隊ね

 鈴をつけて歩こう

歩くたびに、鈴の音が響いて楽しいよ。

＊音楽に合わせて、鈴を足首につけてつま先だけで歩きましょう。
＊慣れたらいろいろな歩き方であそんでみましょう。

チョコ
チョコ

☆発表会などの衣装イメージ

＜難しいver.＞

❷～❺（リンゴ）の ～ しなくちゃね

❻～❽（ほ）ら ～ つないで

♪（ﾘﾝｺﾞ）のもりのこねこた
シャン！
シャン！
♪ちーーに
シャン！
シャン！
シャン！
♪さそわ
ストップ！

つま先立ちでゆっくり4歩歩いてから、速く4歩歩き、ストップする。この動作を8回。

♪（ほ）らみえないしあわせと…

大股歩きで平泳ぎのまねをする。

全身であそぼう（かわいいダンス） 　木靴を履いているように、かかとを先に つけて歩いてあそぼう。

❶ 前奏7呼間

両手は腰で、ひざでリズムをとる。

❷ （リンゴ）のもり ～ パーティー

2呼間で、ひざと両手を横に開いてから 閉じる。この動作を8回。

❸ （きぐつ）カタコト ～ コーラス

その場で足踏みをしながら、頭の上 で両手の人差し指をくるくるまわす。

❹ たいね

両手を上げてから、「ね」で胸を指す。

＜1番＞
❺ すきよ ～ シェイプ・アップもしなくちゃね

胸を張って外股で、いばって好きなところを歩く。

❻ （ほ）ら ～ しあわせと

4呼間で、両手を胸の前から外へ開く。 この動作を2回。

❼ クルクルてをつない

歌詞に合わせて、両手を胸の前で 右左に動かしながら上げる。

❽ で

頭の上でかいぐりをし、最後に両手を下ろす。

❾ （くまの）ドラム ～ バースディ

❷～❹と同じ。

❿ 間奏A　16呼間

手を後ろでキラキラさせながら、その 場で歩いてまわる（反対まわりも）。

⓫ 間奏B　8呼間

❶と同じ。

*2番以降、同じメロディーは1番と同じ動作をする。

⓬ 後奏6呼間

❹の「ね」のポーズのままストップし、最後の音で両手を上げる。

2〜5歳児

CD 08 メトロポリタン美術館 _{ミュージアム}

作詞・作曲：大貫妙子　編曲：田中公平

大理石の　台の上で	エジプトでは　ファラオ眠る	ヴァイオリンのケース
天使の像　ささやいた	石の布団に　くるまって	トランペットのケース
夜になると　ここは冷える	呼んでみても　五千年の	トランク代わりにして　出発だ！
君の服を　貸してくれる？	夢を今も　見続けてる	
タイムトラベルは　楽し	タイムトラベルは　楽し	タイムトラベルは　楽し
メトロポリタン　ミュージアム	メトロポリタン　ミュージアム	メトロポリタン　ミュージアム
赤い靴下で　よければ　かたっぽあげる	目覚まし時計　ここに　かけておくから	大好きな絵の中に　とじこめられた

少し大人っぽい歌詞で、最後が少し怖いですが、このような静かな音楽を聞きながら動くことで、身のまわりで聞こえる音にも耳を傾けることができるようになります。

 そっと静かに歩こう 　前半は絶対に足音がしないように。

前半は、ひたすら足音を忍ばせて歩く。
後半の「タイムトラベルは〜」からは、体を硬くしてチョコチョコとロボット歩きで好きなところを歩く。

 そっとあそぼう 　音楽をよく聞くと、「シー」のストップのタイミングがわかるよ。

❶ 前奏8呼間	❷ だいりせきの 〜 かしてくれる？	❸ タイムトラベルは 〜 かたっぽあげる	❹ 間奏8呼間

気をつけをして、首でリズムをとる。	ゆっくり3歩歩いてから、人差し指を口に当てて「シー」と言いながらストップする。	ロボット歩きで好きなところを歩く。	❶と同じ。

*2番以降、同じメロディーは1番と同じ動作をする。

<2番後半>

❺ ヴァイオリンの 〜 トランクがわりにして	❻ しゅっぱつだ！	❼ タイムトラベルは 〜 とじこめられた	❽ 後奏12呼間

両手を広げてその場で3回まわる（反対まわりも）。	ストップしてから「だ」で片手を上げる。	❸と同じ。最後はストップする。	❶と同じで、最後に首を倒して眠るまねをする。

 **2人組であそぼう**

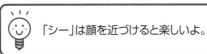
「シー」は顔を近づけると楽しいよ。

準備：2人組で横に並び、手をつなぐ。　基本は「そっとあそぼう」と同じ動作。

❷ だいりせきの ～ かしてくれる？

ゆっくり3歩歩いてから、人差し指を口に当てて「シー」と
言いながら顔を見合わせてストップする。

❺ ヴァイオリンの ～ トランクがわりにして

両手をつなぎ、その場で3回まわる
（反対まわりも）。

 指・グーパーであそぼう

❺ができるようになったら、小指からも曲げてみよう。

❶ 前奏8呼間

音楽を聞く。

❷ だいりせきの ～ てんしのぞう

右左の順に人差し指を出してから、指を2回
合わせてストップする。この動作を指2本・
3本と増やして行う。

❸ ささやいた

❷の動作を、指4本でした後、
顔の横で指5本を広げてストップする。

❹ よるになると ～ かしてくれる？　**❺ タイムトラベルは ～ かたっぽあげる**

❻ 間奏8呼間

❷❸と同じ。

1呼間ずつ、親指から順番に小指まで曲げる。「のし」でパーグーパーをする。
この動作を4回。

❶と同じ。

*2番以降、同じメロディーは1番と同じ動作をする。

＜2番後半＞
❼ ヴァイオリンの ～ しゅっぱつだ！

かいぐりしながら右から左へ、左から右へ動かし
「だ！」で両手を顔の横で広げてストップする。

❽ タイムトラベルは ～ とじこめられた

❺と同じ。最後はストップする。

❾ 後奏12呼間

❶と同じ。
最後に指を全部隠す。

4・5歳児

CD 09 赤鼻のトナカイ（バース入り）

作詞・作曲：ジョン・マークス　訳詞：新田宣夫　編曲：丹羽あさ子

＜バース＞

You know Dasher and Dancer
And Prancer and Vixen,
Comet and Cupid
And Donner and Blitzen.
But do you recall
The most famous reindeer of all?

＜歌＞

Rudolph the red-nosed reindeer
Had a very shiny nose
And if you ever saw it
You would even say it glows
All of the other reindeer
Used to laugh and call him names
They never let poor Rudolph
Join in any reindeer games

Then one foggy Christmas Eve
Santa came to say
Rudolph with your nose so bright
Won't you guide my sleigh tonight?

Then how the reindeer loved him
As they shouted out with glee
"Rudolph the red-nosed reindeer
You'll go down in history.

真っ赤なお鼻の　トナカイさんは
いつもみんなの　わらいもの
でもその年の　クリスマスの日
サンタのおじさんは　いいました

☆暗い夜道は　ぴかぴかの
　おまえの鼻が　役に立つのさ
　いつも泣いてた　トナカイさんは
　今宵こそはと　よろこびました

☆くりかえし
よろこびました
よろこびました

 歌でお話

 子どもたちに問いかけるようにお話をしてね。

クリスマスになるとよく歌われる子どもたちの好きな曲。元々の英語版では、みんながよく知っているメロディーの前に「バース」と呼ばれる歌の前に置かれる導入部分がついています。
「バース」には、サンタクロースのそりを引くトナカイたちの名前が全部でてくるのです。
これを英語で歌うのは難しいので、バースのメロディーの上に日本語の訳をのせて、お話を読むように保育者が話してあげると素敵ですね。

（英語のバース部分の歌に重ねて）
「ねぇ、みんな知っているかな？　サンタクロースのトナカイたちの名前を。ダッシャーにダンサー、プランサーにヴィクセン。コメットにキューピッド、ドナーにブリッツェン。でも思い出してみて、一番有名なトナカイの名前は？そう、ルドルフ！」

♪「赤鼻のトナカイ」の歌を歌う。

 **楽器であそぼう**

💡 鳴らすときは縦のリズムを、トレモロは終わるところをきちんと揃えよう。

身近にある簡易楽器（カスタネット・タンバリン・トライアングル・鈴）を使って、英語の歌の部分に合わせて演奏しましょう。手づくり楽器などであそんでも楽しいです。

ここでは、わかりやすいように日本語の歌詞に合わせてリズム譜を書きますので参考にしてください。

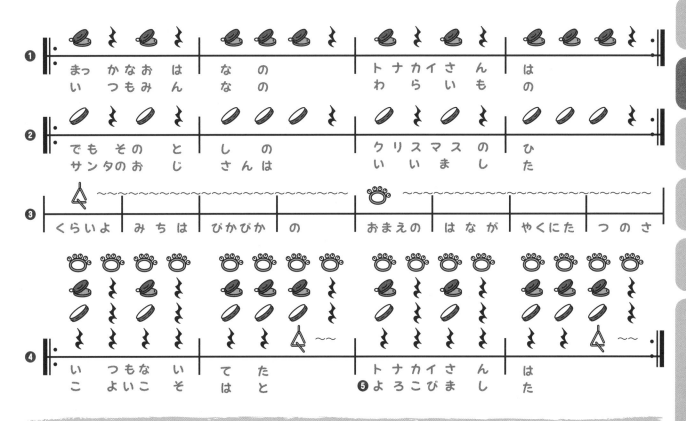

❶ まっ かな お はん / な の / トナカイ さん / はの
いつも みん / な の / わらいも / はの

❷ でも その と / し の / クリスマス の / ひた
サンタの おじ / さんは / いいまし / た

❸ くらいよ / みちは / ぴかぴか の / おまえの / はなが / やくにた / つのさ

❹ いつもない いそ / てた / トナカイ さん / はた
こ よいこ そ / はと / ❺よろこびま し / た

発表会に発展させよう

💡 歌だけのときは、楽器の音が鳴らないように注意しよう。

構成　バース（セリフ）　＋　楽器演奏　＋　歌　＋　楽器&歌

バースの部分	「歌でお話」の「バース」部分のセリフを子どもたちが分担して言う。
間奏20呼間	音楽を聞く。
英語の歌の部分	「楽器であそぼう」❶〜❹と同じ。
間奏32呼間	音が出ないように楽器を体につけて、歌う用意をする。
日本語の歌の部分	みんなで歌う。
間奏64呼間	「楽器であそぼう」❶❷と同じ。
日本語の歌の部分（くりかえし）	
♪くらいよみちは〜よろこびました	歌いながら❸〜❺と同じ。
♪よろこびました	小さな音で❺と同じ。
♪よろこびまし	大きな音で❺と同じ。
♪た＋後奏15呼間	全員でトレモロをして、最後に1回たたく。

4・5歳児

CD10 わらの中の七面鳥

訳詞：久野静夫　アメリカ民謡　編曲：丹羽あさ子

さあ大変だ　さあ大変だ
七面鳥が　逃げて行く
さあみんなで　つかまえろ
池のまわりを　追いかけろ
ラララ　ラララ　ラララ　ラララ
いっしょうけんめい　逃げてゆく
そらかくれたところは　わらの中

さあ大変だ　さあ大変だ
七面鳥が　また逃げた
今度こそ　つかまえろ
庭のまわりを　追いかけろ
ラララ　ラララ　ラララ　ラララ
いっしょうけんめい　逃げてゆく
そらかくれたところは　小屋の中

※CD音源は5番まであります。

 カスタネットであそぼう

音楽をかけながらあそぶと ♩♩｜♩♩♪ のリズムが覚えやすいよ。

その場でかけ足でまわる。

さあ　たいへんだ　さあにげて　たいへんだくしちさあ　ラララ～
めんちょうがつかまえろ　てゆえくろ
みんなまわりを　おいかけろ
いけの

いっしょうけんめい　にげてゆくそら　かくれたところは　わらのなか

 発表会に発展させよう

2番の❷を手をクロスして左隣の人の
カスタネットをたたくと見ばえもばっちり。

準備

❶前奏24＋16呼間

椅子を横1列に並べてすわり、左手にカスタネットを持つ。
たたき方は「カスタネットであそぼう」と同じ。

24呼間は音楽を聞き、次の16呼間は腕を前後に振る。

❷（さあ）たいへんだ　～　おいかけろ

♪（さあ）たいへんだ
トトトン！
♪（さあ）たいへんだ
トン！トン！トン　トン！トン！トン

自分のカスタネットを2回たたいた後、右隣の人のカスタネットを3回たたく。この動作を4回。

❸ラララ　～　ラララ

すわったまま足踏みをする。

❹いっしょうけんめい　～　わらのなか

♪いっしょうけんめい…
トトトト
ンンンン
！！！！

♪のリズムでカスタネットを7回たたく。次に❷の動作を1回。

❺間奏16呼間

腕を前後に振る。

*2番以降、同じメロディーは1番と同じ動作をする。

☆間奏で立ち、3番～4番は立って演奏。

❻後奏12＋20呼間

トン！トン！
トン！トン！

12呼間はリズムに合わせて腕を振り、次の12呼間でかいぐりし、7回たたいてから両手両足を広げる。

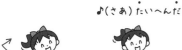 **列になってあそぼう**

 ❻が速ければ、ゆっくりのテンポで2回でもOK!

準備：横1列になって両手をつなぐ。

| ❶ 前奏 24+16呼間 | ❷（さあ） たいへんだ | ❸（さあ） たいへんだ | ❹（しち）めんちょうが にげてゆく | ❺（さあ）みんなで 〜 おいかけろ | ❻ ラララ ラ 〜 ラララ ラ |

ひっぱりっこしな がら上下する。

右足を右斜め前に 出してからもどす。

❷の動作を左で。

前・後・前・前・前に 小さくジャンプする。

❷〜❹と同じ。

1回手拍子、両手を前、1回手 拍子、フー！と言いながら両 手を上げる。この動作を4回。

| ❼ いっしょうけんめい にげてゆく | ❽（そら）かくれた ところは　わらのなか | ❾ 間奏16呼間 | ❿ 後奏12+20呼間 |

7回手拍子。

左に90度まわって横を向く。

❶と同じ。

12呼間音楽を聞いてから、 ❻を5回。

＊2番以降、同じメロディーは1番と同じ 動作をする。❽で向きを90度ずつ変え ていくと、5番で正面にもどる。

 **4人組でおどろう**

 原曲が「オクラホマ・ミキサー」なので、二重円になるとそのまま フォークダンスになるよ。そのときは大きい人が外側の円で踊ろう。

| 準備 | ❶ 前奏24+16呼間 | ❷（さあ）たいへんだ | ❸（さあ） たいへんだ | ❹（しち）めんちょうが　にげてゆく |

4人組になり、 A・Bそれぞれで手を つなぐ。

ひっぱりっこしながら 上下する。

右足を右斜め前に 出してからもどす。

❷の動作を 左で。

前・後・前・前・前に小さくジャンプする。

| ❺（さあ）みんなで 〜 おいかけろ | ❻ ラララ ラ 〜 わらのなか | ❼ 後奏12+20呼間 |

❷〜❹と同じ。

8呼間ずつで、Aが トンネルをつくり、 Bがその下をくぐ る。次にすぐにBが トンネルをつくり、 Aがくぐる。この動 作を2回。

❶の動作で、最後に両手両足を広げる。

125

9月
10月
11月
12月
1月
2月
3月
日本のわらべうた&世界のこどもうた
今月のうた
クラシック&ディズニー
お話

3〜5歳児

CD 11 すてきな夢を

作詞：P.ストローム　作曲：F.バーリップ　訳詞：峯　陽　編曲：中邑由美

☆夢を売ります　すてきな夢を
　あなたの歌と　ひきかえに
★ハイディ　いっしょに歌おう
　ハイディヘイ　ハイディホ
　ハイディ　みんなの夢を
　ハイディ　ハイディホ

キラキラ光る　ダイヤの夢は
宇宙の星の　お姫様
★くりかえし

☆くりかえし
★くりかえし
　ハイディ　いっしょに歌おう
　ハイディホ　ハイディヘイ
　ハイディ　すてきな夢を
　ハイディ　ハイディホ

 円で踊ろう

💡 運動会用には、1番：列　2番：2つ円or 4つ円
　　3番:大きい円　など、間奏を使って隊形移動を。

準備：円になって両隣の人と手をつなぐ。

❶ 前奏16呼間

手をつないだまま、ひっぱりっこする。

❷ ゆめをうります
♪ゆめをうります

前に4歩歩く。

❸ すてきなゆめを
♪すてきな　　♪ゆめを

両手を上げ、おじぎをする。

❹ あなたのうたと ひきかえに＋2呼間

元の位置にもどってから、❸と同じ。

❺ ハイディ いっしょにうたおう
♪ハイディ〜…
パパンン！！　パパンン！！

16回手合わせ。

❻ ハイディヘイ ハイディホ
♪ハイディ　♪ヘイ

両手をつなぎ、右左に2回ゆれる。

❼ ハイディ みんなのゆめを ハイディ　ハイディホ
♪ホ

❺の後、右左にゆれてから「ホ」で両手を上げる。

❽ 間奏16呼間

❶と同じ。

*2番以降、同じメロディーは1番と同じ動作をする。

＜3番後半＞
❾ ハイディいっしょに 〜 ハイディホ（くりかえしの後）
♪ハイディいっしょに…

8呼間で円の中心に走って入り、8呼間で元の位置にもどる。この動作を2回して、最後に両手を上げる。

❾ 後奏8呼間

❶と同じで、最後に両手を上げる。

 **2人組であそぼう**

 間奏で好きなところを走り、違う相手を見つけても楽しいね。

準備：2人組で背中合わせになる。

❶ 前奏16呼間

<1番>
❷ ゆめをうります

❸ すてきなゆめを

**❹ あなたのうたと
ひきかえに＋2呼間**

ゴシ ゴシ

最初の8呼間は背中合わせで上下する。次の8呼間は向かい合って両手を胸の前で交互に上下する。

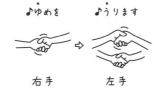
♪ゆめを　♪うります
右手　　　左手

4呼間ずつ、右左の順に握手する。

♪すてきなゆめを

手をつないだままひっぱりっこする。

❷❸と同じ。

**❺ ハイディ
いっしょにうたおう**

**❻ ハイディヘイ
ハイディホ**

**❼ ハイディ
みんなのゆめを
ハイディ　ハイディホ**

❽ 間奏16呼間

❾ 後奏8呼間

♪ハイディ　♪いっしょに
パン！パン！
パン！パン！
くるっ

4呼間で素早くまわり、4呼間で4回手合わせ。この動作を2回。

♪ハイディ　♪ヘイ

手合わせしたまま、シーソーのように片足を上げながら右左にゆれる。

❺❻と同じ。

❶と同じ。

*2番以降、同じメロディーは1番と同じ動作をする。

♪ドーン！

背中合わせになり、最後におしりで押し合う。

 保育者用美容体操

 子どもももちろんOK！　保護者も！

準備：仰向けに寝て、ひざを立てる。

❶ 前奏16呼間

**❷ ゆめをうります
すてきなゆめを**

**❸ あなたのうたと
ひきかえに＋2呼間**

**❹ ハイディ
いっしょにうたおう**

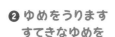

腰に手をあてて、ひざを右左にゆらしてリズムをとる。

♪ゆめをうります…

4呼間ずつ、右足を伸ばして上げてから元にもどす。この動作を2回。

♪あなたのうたと

❷の動作を左足で。

右左交互に足をけり上げる。

❺ ハイディヘイ　ハイディホ

❻ ハイディ　～　ハイディ

❼ ホ

間奏16呼間・後奏8呼間

♪ハイディヘイ…

両足を揃えて右左にゆらす。この動作を2回。

❹と、❺の動作を1回。

ブラ ブラ ブラ

両手足をバタバタさせる。

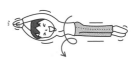

右左へ転がったり、1回転したりする。

0〜5歳児

CD 12 ねこふんじゃった

作詞：阪田寛夫　外国曲　編曲：石川大明

ねこふんじゃった　ねこふんじゃった
ねこふんづけちゃったら　ひっかいた
ねこひっかいた　ねこひっかいた
ねこびっくりして　ひっかいた
悪いねこめ　つめを切れ
屋根をおりて　ひげをそれ
ねこニャーゴ　ニャーゴ　ねこかぶり
ねこなで声　あまえてる
ねこごめんなさい　ねこごめんなさい
ねこおどかしちゃって　ごめんなさい
ねこよっといで　ねこよっといで
ねこかつぶしやるから　よっといで

ねこふんじゃった　ねこふんじゃった
ねこふんづけちゃったら　とんでった
ねことんじゃった　ねことんじゃった
ねこお空へ　とんじゃった
青い空に　かささして
ふわり　ふわり　雲の上
ごろニャーゴ　ニャーゴ　ないている
ごろニャーゴ　ニャーゴ　遠めがね
ねことんじゃった　ねことんじゃった
ねこすっとんじゃって　もう見えない
ねこグッバイバイ　ねこグッバイバイ
ねこあしたの朝　おりといで

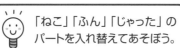 楽器であそぼう

「ねこ」「ふん」「じゃった」の
パートを入れ替えてあそぼう。

3種類の楽器を鳴らしてあそぶ。
「ねこ」の部分は、必ず鈴パートが鳴らす。

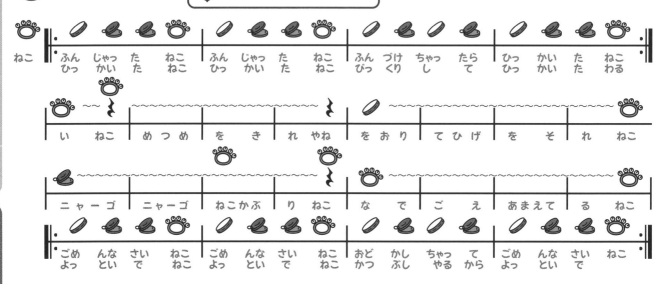

 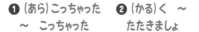 替え歌でマッサージしよう

大きなクラスでは、友だち
同士であそぼう！

親子や子ども同士で2人組になり、
お互いに肩たたきやマッサージを
する。

♪☆あらこっちゃった　あらこっちゃった
　　あら　あっちもこっちも　こっちゃった
　　あらこっちゃった　あらこっちゃった
　　あら　あっちもこっちも　こっちゃった
　　かるく　トントン　たたきましょ
　　かるく　トントン　たたきましょ
　　つぼをおさえ　もみもみ
　　つぼをおさえ　もみもみ
　　☆くりかえし
　　あら　あっちもこっちも　いいきもち

❶（あら）こっちゃった
　〜　こっちゃった

トン！トン！

肩をたたく。

❷（かるく）〜
たたきましょ

好きなところを
軽くたたく。

❸（つぼ）をおさえ
〜　もみもみ

好きなところを
もむ。

❹（あら）こっちゃった
〜　いいきもち

❶と同じ。「いいきもち」
で相手を抱きしめる。

 つり目であそぼう  2人組であそぼう

「ねこ」の音がアウフタクトで入って いますが、頑張ってつり目をしてね。

※同時に2人組ver.も紹介（異なる箇所のみ、囲み）

<1番>

準備 / ❶ 前奏20呼間 / ❷（ねこ）/ ❸ ふん / ❹ じゃった

顔の横で、ねこの手をして待つ。

向かい合って、ねこの手をして待つ。

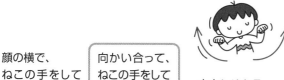

右左にゆれる。

人差し指でつり目にする。

両手を顔の横にもってくる。

2回手拍子。

2回手合わせ。

❺（ねこ）ふんじゃった / ❻（ねこ）ふんづけちゃったら / ❼ ひっかいた / ❽（ねこ）ひっかいた 〜 ひっかいた / ❾（わる）い 〜 ひげをそれ

❷〜❹と同じ。

❷❸、1回手拍子、❸、1回手拍子。

❷❸、1回手合わせ、❸、1回手合わせ。

❸❹と同じ。

❷〜❼と同じ。

手を胸の前にもってきて右左にゆれる。

両手をつないで右左にゆれる。

❿（ねこ）ニャーゴ 〜 あまえてる / ⓫（ねこ）ごめんなさい 〜 よっといで / ⓬ 間奏20呼間 / ⓭ 後奏8呼間

手を上から下へ、クネクネさせる。この動作を8回。

上から下へ背中合わせをする。

❷〜❼を2回。

❶と同じ。

❶をしてから、「ニャー」と言う。

＊2番以降、同じメロディーは1番と同じ動作をする。

 替え歌でくすぐろう

保育参観などで、親子のスキンシップあそびにも。

準備：保育者の足の上に、向かい合わせになるように子どもをのせる。

♪あらコッチョコチョ あらコッチョコチョ
あら あっちもこっちも コッチョコチョ
あらコッチョコチョ あらコッチョコチョ
あら あっちもこっちも コッチョコチョ
いっぽんゆびで もじょもじょ
にほんゆびで もじょもじょ
さんぼんゆびで もじょもじょ
よんほんゆびでも もじょもじょ
あらコッチョコチョ あらコッチョコチョ
あら あっちもこっちも コッチョコチョ
あらコッチョコチョ あらコッチョコチョ
あら あっちもこっちも くすぐったい

❶（あら）コッチョコチョ 〜 コッチョコチョ

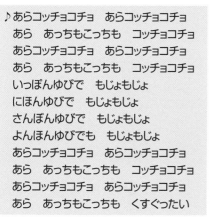

くすぐるまねをする。

❷（いっ）ぽんゆびで 〜 もじょもじょ

1本指でくすぐった後、2本指でくすぐる。

❸ さんぼんゆびで 〜 もじょもじょ

3本指・4本指でくすぐる。

❹（あら）コッチョコチョ 〜 くすぐったい

❶と同じ。最後の「くすぐったい」で、抱きしめてくすぐる。

4・5歳児

CD 13 すてきな雪景色

作詞・作曲：フェリックス・バーナード／リチャード・スミス　訳詞：漣 健児　編曲：佐藤亘弘

☆そりにのって　行こう
　きれいな山なみも　よんでいる
　たのしいウィンター・ワンダーランド
　青い鳥さえ　いつもさえずり
　しあわせを　うたってる
　たのしいウィンター・ワンダーランド
　雪だるまのまわりで　雪なげをしようよ
　粉雪がふるけれど　からだは暖かい
　雪の天使も　ぼくらの肩に
　しあわせを　もってくる
　たのしいウィンター・ワンダーランド

☆くりかえし
　たのしいウィンター・ワンダーランド

 **楽器であそぼう（順番にならそう）**

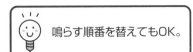 鳴らす順番を替えてもOK。

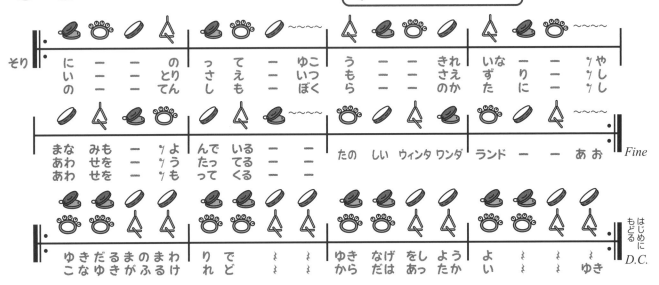

 **円であそぼう**

 ❹は手をつないで、前・後・前・前・前にジャンプ！

準備：円になって両隣の人と手をつなぐ。　基本は右頁の「スケート＆スキーのまねであそぼう」と同じ動作（❸❹⓯）。

❷（そり）にのって　〜　きれいな

反時計回りで円のまわりを走る。

❻❼ゆきだるまの　〜　あったかい

♪ゆきだるまのまわりで

円の中心に向かって歩いて6歩入り、2回ジャンプする。次に6歩で元の位置にもどり2回ジャンプする。この動作を2回。

130

 スケート&スキーのまねであそぼう

椅子の間隔を空けて並べれば発表会でもできるよ。
立ってスケートをするときに、場所を移動してもOK!

準備：椅子にすわる。

❶ 前奏　　　　　　❷（そり）にのって　　❸（や）まなみも　　❹ たのしいウィンター・ワンダーランド　　❺（あお）いとりさえ
　鈴8＋16呼間　　　〜　きれいな　　　よんでいる　　　　　　　　　　　　　　　　　　　〜　ワンダーランド

♪（そり）に…　　　♪（や）まなみも　　♪たのしい　♪ウィンター・ワンダー　♪ランド

腕を後ろで組んで、　4呼間で、スケート　2呼間で2回、右か　両足を揃えて、前・後ろに出してから　❷〜❹と同じで、最後
音楽を聞く。　　　ですべるように右足　とを出してから　3回床を鳴らす。　　　　　　　　　　　に立ち上がる。
　　　　　　　を斜め前に出してか　もどす。次に左足。
　　　　　　　らもどす。次に左足。
　　　　　　　この動作を2回。

❻ ゆきだるま　〜　　　❼ い　　　❽（ゆき）のてんしも　　❾ 間奏32呼間　　❿（そり）にのって
　からだはあったか　　　　　　　　〜　ワンダーランド　　　　　　　　　　　　〜　きれいな

椅子の周りをスケートで　椅子にすわる。　❷〜❹と同じ。　すわったまま両手は腰　スキーですべるように両手
すべるまねをしながらま　　　　　　　　　　　で右左にゆれながら、　を前後に動かしながら、両足
わる（反対まわりも）。　　　　　　　　　　　音楽を聞く。　　　は揃えて右右左左でリズム
　　　　　　　　　　　　　　　　　　　　　　　　　　をとる。この動作を2回。

⓫（や）まなみも　〜　　⓬ ゆきだるま　〜　　⓭ い　　　⓮（ゆき）のてんしも　　⓯ たのしいウィンター・
　ワンダーランド　　　　からだはあったか　　　　　　　〜　ワンダーランド　　　ワンダーランド

♪たのしい…　　♪ランド

❸❹❿❸❹と同じ。　椅子の周りをスキーで　❼と同じ。　❿❸❹と同じ。最後に　8回手拍子して「ランド」で
最後に立ち上がる。　すべるまねをしながら　　　　　立ち上がる。　　　頭上でキラキラさせる。
　　　　　　　まわる（反対まわりも）。

9月
10月
11月
12月
1月
2月
3月
日本のわらべうた&世界のこどもうた
今月のうた
クラシック&ディズニー
お話

9月
10月
11月
12月
1月
2月
3月
日本のわらべうた&世界のこどもうた
今月のうた
クラシック&ディズニー
お話

4・5歳児

CD 14 手をつなごう

🎵 卒園式で歌おう

オリジナル曲です。この曲を教えた先生方から大反響。子どもにも保護者にも喜ばれたとの声から、楽譜を掲載しました。

作詞：もときあつ子　作曲・編曲：小西真理

※CD音源の調と異なります。

☆CDを何度か聞いたり、音楽に合わせて踊ると、まず「てをつなごう〜」のところから歌えるようになります。最終的に卒園式やお別れ会などのときに歌えるようにすると、感動的な卒園式などに華をそえてくれます。

 **ポンポンで踊ろう**

 ❼から手をつなぐのは2人以上でもOK!

準備：1人、途中から2人組。小さいポンポンを手首につける。

❶ 前奏 32呼間

音楽を聞く。

❷ （あお）いビーだま　〜　すかしたら

両手を上げて、右左に大きく4回ゆれる。

❸ （キラ）リ　にじの

その場で素早くまわる。

❹ くにがみえるでしょ

前横の順に、2呼間ずつ手を振る。この動作を3回。

❺ （あか）いくつと　〜　とびだそう

❷〜❹と同じ。

❻ （か）わをわたり　〜　おかをこえて

しゃがんで前で振ってから、立ち上がって上で振る。この動作を2回。

❼ てをつなごう　〜　ポッカリ

近くの人と手をつないで、好きなところを歩く。

❽ ふくらんじゃう

その場で小さく4回ジャンプする。

❾ ヨ

両手を上げて、ポンポンを振る。

❿ てをつなごう　〜　ともだちだ

❼〜❾と同じ。

⓫ 間奏16呼間

❶と同じ。

＊2番以降、同じメロディーは1番と同じ動作をする。

⓬ ともだちだ　＋　後奏8呼間

つないだ手を後前に4回ゆらしてから、「だ」で手を離して頭の上で振る。

 **円で踊ろう**

 運動会用では、1番を横1列、間奏で隊形移動して、2番を円で踊ろう!

準備：3つの円。3組に分かれて円で踊る。　基本は「ポンポンで踊ろう」と同じ動作。

❻ （か）わをわたり　〜　おかをこえて

4呼間ずつで、円の中心に走って入ってから元の位置にもどる。この動作を2回。

❼ てをつなごう　〜　ポッカリ

両隣の人と手をつないで円のまわりを歩く。

9月
10月
11月
12月
1月
2月
3月
日本のわらべうた&世界のこどもうた
今月のうた
クラシック&ディズニー
お話

5歳児

CD 15 希望の歌〜交響曲第九番〜

作詞：六ツ見純代　作曲：ベートーヴェン／藤澤ノリマサ　編曲：丹羽あさ子

歌いたい　笑顔のためなら
届けたい　どんなときも
目と目があって　交わす微笑み
手と手をつなぎ　一緒に歩こう

☆あなたが笑顔でいられるように
　みんなが笑顔でいられるように
　明日につながる希望をのせて
　エガオノチカラで世界照らそう

頑張った昨日の涙は
その胸の強さになる
しあわせだから笑うんじゃなくて
笑ってるからしあわせになれる

☆くりかえし

微笑みを絶やさず　歩きだそう未来に
希望の歌を響かせて

ラララ・・・
その笑顔のまま

 替え歌であいうえお&いろはにほへとを歌おう

♪あいうえお　かきくけこ　さしすせそ
　たちつてと　なにぬねの　はひふへほ
　まみむめも　やゆよ　らりるれろ　わをん
　みんなでたのしい　50おんあそび

　いろはにほへと　ちりぬるを　わかよ
　たれそ　つねならむ　うゐ（うい）のおくやま
　けふ（きょう）こえて　あさきゆめみし　ゑひ（えい）もせすん
　みんなでうたおう　いろはにほへと

ベートーベン作曲の交響曲第九番の第4楽章「歓喜の歌」。中でもよく知られたメロディーに新たなメロディーを加えて、歌詞をつけたものです。

☆と「ラララ…」のメロディーのところを、「あいうえお（50音）」順で歌ったり、少し難しいですが「いろは」順で歌ってみたりしましょう。

 卒園式で歌おう

よく知られている☆のメロディーの部分の歌詞がとても素敵なので、「ラララ…」と☆の部分だけでも子どもたちと一緒に歌えるようになると、卒園式や音楽会などでかっこよく発表することができます。

※CD音源の調と異なります。

全身であそぼう（ハンカチで踊ろう） **発表会に発展させよう**

発表会では、右と左でそれぞれ違う色の
ハンカチを持つと、片手だけ出したときに
色が揃ってきれい！

準備：2色のハンカチ

❶ 前奏A　32＋4呼間

音楽を聞く。

❷ 前奏B　8呼間

胸の前でハンカチを
上下に小さく振る。

❸ うたいたい　〜　どんなときも

「うたいたい」で右左に2回振り、「えがおのためなら」でリズムを
とりながら右まわりする。次は左右に2回振り、左まわりする。

❹ （めと）めがあって　〜　いっしょにあるこう　＋　4呼間

8呼間ずつ、「（めと）めがあって」で両手を上げ、「（かわ）すほほえみ」
でしゃがむ。次に4呼間ずつ、「（てと）てを　〜　あるこう」で上下を
2回してから、4呼間で両手を上げて立つ。

❺ あなたがえがおで　〜　いられるように

「あなたがえがおで」で左手は腰、右手を大きく3回まわして
から、右斜め上に上げてストップ。次に左で。この動作を2回。

❻ あしたに　〜　のせて

❼ （エ）ガオノ　〜　せかいてらそう

4呼間ずつ、両手を前で4回
振り、横で4回振る。この動作
を2回。

指揮者のように、胸の前で交差
して振る。この動作を3回。4回
目は上で振る。

❽ 間奏　20呼間

❶と同じ。

*2番以降、同じメ
ロディーは1番と
同じ動作をする。

❾ （ほほ）えみをたやさず　〜　ひびかせて　＋　4呼間

「（ほほ）えみ　〜　みらいに」で両手を上げて
振りながらジャンプしてまわる（反対まわりも）。
「（きぼ）うの　〜　ひびかせ」で胸の前で3回8
の字を描き、「て」で下から上にかいぐりをする。

❿ ララララ…（32＋32呼間）

❺〜❼と同じ。

⓫ ララララ…（24呼間）

右左に6回振る。

⓬ そのえがおのま

両手を後ろから前へ
8回振る。

⓭ ま　＋　後奏20呼間

18呼間は両手を顔の横で振り、最後の
音に合わせてストップし両手を上げる。

☆前奏で入場したり、
間奏で列の前後入
れ替えや隊形移動
などをすると運動
会でも使えます。

CD 16 シング

作詞・作曲：ジョー・ラポーソ　訳詞：星加ルミ子　編曲：小西真理

シング　うたおう　声をあわせ
かなしいこと　わすれるため
シング　うたおう　幸せがくるように
さあ　大きな声をだし　恥ずかしがらず
Just sing, sing a song
ラララ・・・

シング　うたおう　愛のうたを
あなたのため　私のため
シング　うたおう　幸せがくるように
さあ　大きな声をだし　恥ずかしがらず
Just sing, sing a song
Just sing, sing a song
Just sing, sing a song
ラララ・・・

円で踊ろう

⓬で手をつないでまわったり、好きなところへスキップ（走る）したりすれば、2人組でもあそべるよ。

準備：円になり、手をつなぐ。　基本は右頁の「ティッシュで踊ろう」と同じ動作（❶ ⓾ ⓫）。

❷ シング　うたおう　こえをあわせ

両手をつないで、歌いながら前後にゆらす。

❸ かなしいこ

歌詞のリズムに合わせて手合わせする。

❹ と

胸の前でキラキラさせながらまわす。

❼〜❾ (さあ) おおきな　〜　はずかしがらず

4呼間ずつ、しゃがんでから両手を上げて立つ。この動作を2回。

⓬ ラララ…

円の中心に歩いて入ったり、元の位置にもどったりする。

全身であそぼう（ティッシュで踊ろう）　　　 布ではなくティッシュの軽やかな動きが、曲の雰囲気とマッチ。

準備：ティッシュを片手に持つ。

❶ 前奏32呼間	＜1番＞ ❷ シング　うたおう　こえをあわせ	❸ かなしいこ	❹ と	❺ わすれるため
		♪かなしいこ		

音楽を聞きながら右左にゆれる。	2呼間ずつ右左に振る。	歌詞のリズムに合わせて、前で手首を振る。	上から下へ軽く振りながら下ろす。	❸❹と同じ。

❻ シング　〜　くるように　　❼（さあ）おおきな　　❽（こえ）をだし

♪（さあ）おおき　　♪な　　♪（こえ）を　　♪だし

❷と同じ。	2呼間ずつで、右手、次に左手を斜めに上げる。	2呼間ずつで、右手、次に左手をクロスさせて胸にあてる。

❾（は）ずかしがらず　　❿（Just）sing,　　⓫（sing a）song　　⓬ ラララ…

♪（Just）sing　　♪（sing a）song

❼❽と同じ。	両手を前から横に広げる。	両手を頭の上から下ろす。	ティッシュを頭の上でまわす。 ＊2番以降、同じメロディーは1番と同じ動作をする。

2〜5歳児

CD 17 **ZOO っとたいそう〜クラシックメドレー〜**
（オリジナル）

作詞：清水玲子　編曲：小西真理
作曲：ベートーヴェン／モーツァルト／ドヴォルザーク／パッヘルベル／フランス民謡／チャイコフスキー／ロシア民謡／オッフェンバック

フラフララ　フラフララ　フラフラ
フラフラフラフラララン
ココココックリコッコ　コックリコッコ
こんにちは

首横まわれ右　首横まわれ右
首横まわれ右　首横まわれ右
フラフララ　フラフララ　フラフラ
フラフラフラフラララン
ココココックリコッコ　コックリコッコ
こんにちは

にょろにょろにょろにょろ　にょろにょろ
にょろにょろ
にょろにょろにょろにょろ　ピーーーン
にょろにょろにょろにょろ　にょろにょろ
にょろにょろ
にょろにょろにょろ　ピーーーン

ぞうさん　お鼻をぐるりとまわして
ブランブラン　グルリンコ
ぞうさん　お鼻をぐるりとまわして
ブランブラン　グルリンコ

ウホウホウホホ　ウホウホウホホ
ウホウホウホホ　ウホウホウホホ

きりんきりん　ありあり
きりんきりん　ありあり
きりん　あり　きりん　あり
きりん　あり　きりん
きりんきりん　ありあり　きりんきりん
ありあり
きりん　あり　きりん　あり
きりん　あり　きりん

まわってブーブー　まわってブーブー
まわってブーブー　ブーブーブー

まわってブーブー　まわってブーブー
まわってブーブー　ブーブーブー

ピョンピョンピョンピョン
ピョンピョンピョンピョン
ピョンピョンピョンピョン
ピョンピョンピョン

コックリコッコ　コックリコッコ
にょろにょろにょろにょろ
ブランブラン　ウホウホホ
きりん　あり　きりん　あり
ブーブーブーブー
ピョンピョンピョンピョン
ZOO っとたいそう

有名なクラシック音楽を集めてメドレーにし、動物の動きを取りいれた体操にしました。
普段の保育や運動会などで子どもたちと一緒に体操しましょう。

 動物になりきって体操しよう

 それぞれの動物の動きの特徴をつかみ、まねて全身を動かそう。クラシックの音楽も覚えられるよ。

＜エリーゼのために＞

❶ 前奏42呼間
音楽を聞く。

❷ 前奏32呼間

足踏みをする。

にわとり＜トルコ行進曲＞

❸（フラフラ）ラ　〜　フラフラン

首を細かく右左に振る。

❹（ココ）コックリ　〜　こんにちは

首を上下に振る。

❺（くび）よこ　〜　まわれみぎ

2呼間で首を右に向け、次の2呼間で体も横に向ける。
この動作を4回。

❻（フラフラ）ラ 〜 こんにちは

❸❹と同じ。

❼ 間奏32呼間

❷と同じ。

へび＜ユーモレスク＞

❽ にょろにょろ 〜 にょろにょろ

両手を胸の前で合わせて、体全体をクネクネさせる。

❾ ピーーーン

合わせた両手を突き上げる。

❿ にょろにょろ 〜 ピーーーン

❽❾と同じ。

⓫ 間奏32呼間

❷と同じ。

ぞう＜カノン＞

⓬ ぞうさん おはなを

♪ぞうさん おはなを

両手を合わせて体の前で大きく右左にゆらす。

⓭ ぐるりとまわして

両手を合わせたまま体の前で大きくまわす。

⓮ ブランブラン 〜 グルリンコ

⓬⓭を3回。

⓯ 間奏32呼間

❷と同じ。

ゴリラ＜きらきら星＞

⓰ ウホウホ 〜 ウホホ

6呼間は両手をグーにして、右左交互に胸をたたきながらおしりを振り、2呼間は速くたたく。この動作を4回。

⓱ 間奏32呼間

❷と同じ。

きりんとあり＜ロシアの踊り＞

⓲ きりんきりん 〜 きりん

「きりん」のときは右手を上げた姿勢で背伸びをして立ち、「あり」のときはしゃがむ。

⓳ 間奏32呼間

❷と同じ。

ぶた＜コロブチカ＞

⓴ まわって 〜 ブーブーブー

2呼間で、その場で素早くまわり、「ブー」のところは両手を鼻の前にしておしりを振る。

㉑ 間奏32呼間

❷と同じ。

うさぎ＜天国と地獄＞

㉒ ピョンピョン 〜 ピョンピョンピョン

両手を上げて、その場でジャンプする。

㉓ コックリコッコ 〜 ピョンピョンピョンピョン

4呼間ずつ、❹❽⓬⓰⓲⓴㉒をする。

㉔ ZOOっとたいそう

足踏みをしながら、10回手拍子。

㉕ 後奏32呼間

深呼吸をして、最後に両手を上げてキラキラさせる。

9月
10月
11月
12月
1月
2月
3月
日本のわらべうた&世界のこどもうた
今月のうた
クラシック&ディズニT
お話

4・5歳児

CD 18 ハンガリー舞曲　第5番

作曲：ブラームス

ブラームスが、ハンガリーのジプシー音楽を元に編曲した舞曲の中の有名な第5番です。はじめはピアノの連弾用に作曲されましたが、人気になったのでバイオリン用やオーケストラ用としてさらに編曲されました。同じメロディーでも、テンポが緩急自在に変化するのが楽しいので、ひっぱりっこや上下運動、手合わせなどを入れたあそびにしました。

ひっぱりっこ&トンネル・手合わせであそぼう

💡 ゆっくり、速く、もっと速く！
スピードの変化に合わせていろいろな動作を友だちと一緒に楽しもう。

準備：2人組で向かい合って手をつなぐ。

❶12呼間　0：00〜（ゆっくり）

4呼間ずつで、右左交互に3回ひっぱりっこする。

❷4呼間　0：05〜（速い）

2呼間ずつ、2回ひっぱりっこする。

❸8呼間　0：07〜

❶の動作を2回。

❹8呼間　0：10〜（さらに速い）

❷の動作を4回。

❺32呼間　0：14〜

❶〜❹と同じ。

❻16呼間　0：28

2呼間ずつで、4回上下する。

❼ 8呼間　0：36～（ゆっくり）

4呼間ずつで、2回上下する。

❽ 8呼間　0：45～

両手をつないだままジャンプしてから、その場でかけ足でまわる。

❾ 32呼間　0：49～

❻ ～ ❽ と同じ。

❿ 24呼間　1：11～

音楽に合わせて、手拍子1回・手合わせ1回。
この動作を12回。

⓫ 8呼間　1：20～（ゆっくり）

❿ の動作をゆっくり4回。

⓬ 4呼間　1：29～（速い）

❿ の動作を素早く。

⓭ 36呼間　1：32～

⓫ ⓬ を3回。

⓮ 32呼間　2：03～（くりかえし）

❶ ～ ❹ と同じ。

⓯ 32呼間　2：18～

❻ ～ ❽ と同じ。

⓰ 4呼間　2：39～

3回ジャンプしてから手合わせ。

2〜5歳児

CD 19 ワルツィング・キャット

作曲：ルロイ・アンダーソン

 椅子にすわってあそぼう

💡 隣への移動が大変なときは、動かずに
同じ場所で三拍子にのってあそんでね。

準備：椅子を少し丸く離して並べ、すわる。　基本は右頁の「三拍子であそぼう」と同じ動作。

❷〜❽ 24呼間　0：07 〜 くりかえし　96呼間　0：42〜

特徴のある音で、両手を前にして椅子から立ち上がり右隣の椅子に移動してすわる。

⓬ いぬの吠える声（6/8拍子に変化）　＋　14呼間　2：28〜

中央にねこたちが集まってから、最後にいぬへの反撃で「シャーッ」と言いながら後ろを向く。

三拍子であそぼう

この曲は三拍子で「123・223・323・423」と数えるとリズムがとりやすくなります。

☆ねこのまねをして、右左にゆれながら三拍子のリズムにのりましょう。3呼間で右、3呼間で左にゆれると優雅です。
文章で見ると難しそうに見えますが、両手を上げ下げするところには、ねこが「ニャオ」といっているような特徴のある音が入っているのですぐにわかります。

準備：両手をグーにしてねこの手のようにする。

❶ 前奏12呼間　0：00〜

両手を胸の前にして、音楽を聞く。

❷ 24呼間　0：07〜

右左にゆれる。特徴のある音で、6呼間目に「ニャオ」と言いながら両手を上げ下げして、また右左にゆれる。

❸ 24呼間　0：15〜

❷ と同じ。

❹ 6呼間　0：23〜

2呼間ゆれてから、特徴のある音で両手を上下する。

❺ 12呼間　0：25〜

❹ を2回。

❻ 6呼間　0：29〜

ゆっくり右左にゆれる。

❼ 24呼間　0：33〜

❷ と同じ。

❽ くりかえし
　96呼間　0：42〜

❷〜❼と同じ。

❾ 96呼間　1：17〜

好きなところをねこになりきってそっと歩き、ときどきキョロキョロする。

❿ 間奏12呼間　1：46〜

ストップして音楽を聞く。

⓫ くりかえし
　90呼間　1：53〜

❷〜❼と同じ。

⓬ いぬの吠える声（6/8拍子に変化）＋
　14呼間　2：28〜

いぬの声を聞いてから走り出し、最後の「シャーッ」という音でねこが爪をだして怒るまねをしてストップ。

9月　10月　11月　12月　1月　2月　3月　日本のわらべうた＆世界のこどもうた　今月のうた　クラシック＆ディズニー　お話

1～5歳児

 CD 20 くまのプーさん（くまのプーさん）

歌詞はP.154

 全身であそぼう（かわいいダンス）

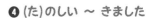 1歳クラスからあそべるよ。「プー」をするのが大好き！

❶ 前奏32＋12呼間

32呼間、しゃがんで寝ているまねをする。次の12呼間で目覚めるようにゆっくり両手をまわしながら立ち上がる。

❷ ゆめのもりのおく

またのぞきをして、両手をキラキラさせる。

❸ (お)とぎのくにに

頭の上で両手をキラキラさせる。

❹ (た)のしい ～ きました

❷ ❸と同じ。

＜1番＞

❺ (さあ)ロバの ～ さんぽにいこう

好きなところで14回ジャンプする。

❻ よ

❺と同じ。

❼ ぼくは

ぼくは

両手はグーで手首を下げて横に広げ、右足を斜め前に出す。

❽ プー

プー

両手を口の前につけ、体を小さくする。

❾ ぼくはプー

❼ ❽と同じ。

❿ いろんなことを やってみる

❼のポーズで歩いてその場でまわる。

⓫ ぼくはプー ぼくはプー

❼ ❽を2回。

⓬ ゆかいな ゆかいな プー

❿の後、「プー」で❽のポーズをとる。

⓭ ぼくはプー ～ げんきなプー

❼ ～ ⓬と同じ。

＊2番以降、同じメロディーは1番と同じ動作をする。

⓮ 後奏8呼間

プー

❿の後、最後に「プー」と言いながら❽のポーズをする。

 **2人組であそぼう**

準備：2人組になって背中合わせにすわる。

 親子で一緒にあそび、⑭で抱っこをしたり、抱き寄せたりするといいね。

❶ 前奏32＋12呼間

Zzz… Zzz…

32呼間、しゃがんで寝ているまねをする。次の12呼間でゆっくり相手によりかかりながら立ち上がる。

❷ ゆめのもりのおく

またのぞきをして、両手をキラキラさせる。

❸ (お)とぎのくにに

キラ　キラ

頭の上で両手をキラキラさせる。

❹ (た)のしいなかまたち　あさがきました

❷❸と同じ。

＜1番＞

❺ (さあ) ロバの ～ さんぽにいこう

♪(さあ)ロバのイーヨーいくよ…

ピョン　ピョン

手をつなぎ、好きなところで14回ジャンプする。

❻ よ

向かい合ってグーの手を合わせる。

❼ ぼくは

♪ぼくは

両手はグーで手首を下げて横に広げ、右足を斜め前に出す。

❽ プー

❻と同じ。

❾ ぼくはプー

❼❽と同じ。

❿ いろんなことを やってみる

トコ　トコ　トコ

❼のポーズでその場でまわる。

⓫ ぼくはプー ぼくはプー

❼❽を2回。

⓬ ゆかいな ゆかいな プー

トコ　トコ　トコ

❿の後、「プー」で❻と同じ。

⓭ ぼくはプー ～ げんきな げんきなプー

❼～⓬と同じ。

＊2番以降、同じメロディーは1番と同じ動作をする。

⓮ 後奏8呼間

プー

❿の後、最後に「プー」と言いながら❻と同じ。

3〜5歳児

CD 21 小さな世界

歌詞はP.154

 2人組であそぼう

> ☆**❼**は2つの異なるメロディーが重なり合っていて、振りも2つに分かれるので踊りの合唱になります。

準備：2人組（A・B）になる。

❶ 前奏16呼間

2人組で手合わせして、音楽を聞く。

❷（せか）いじゅう 〜 たすけあう

2呼間ずつで頭・肩・おしりを2回ずつたたき、1回手合わせする。この動作を3回。

❸（ちい）さなせかい

2人で手をつなぎ、その場で歩いてまわる。

❹ せかいは 〜 まるい

2呼間ずつで、胸の前から右左の順に手を横に広げ、次に頭の上で輪をつくってバレリーナのようにつま先でまわってから、「い」で1回手合わせする。この動作を3回。

❺ ただひとつ

❸と同じ。

❻ 間奏32呼間

16呼間足踏みをしてから、8呼間は8回手合わせ。次の8呼間は音楽を聞く。

＊2番以降、同じメロディーは1番と同じ動作をする。

＜2種類のメロディーが重なっているところ＞

❼ A（せか）いじゅう 〜 ただひとつ
**　 B＜せかいは 〜 ちいさなせかい＞**

A：❷❸❹❸と同じ。
B：❹❸❷❸と同じ。

❽ せかいはせまい 〜 ただひとつ

全員で❹❸と同じ。

❾ 後奏4呼間

最後に両手を合わせる。

 小さいクラスは1人で❷❸の踊りにするとあそべるよ。年齢ごとに振りを変えて合わせてみても楽しいね。

 円で踊ろう

二重円や縦4列など隊形を変化させて、アレンジしよう。

準備：2つのグループ（A・B）でそれぞれ円になる。　2色のポンポン（例：A赤・B黄など）。

❶ 前奏16呼間

❷ (せか) いじゅう ～ たすけあう

❸ (ちい) さなせかい

ポンポンを前で、音楽に合わせて右左に小さく振る。

2呼間ずつで、頭・胸・つま先・の順に、2回ずつたたいた後、両手を上げる。この動作を3回。

頭の上でポンポンを振りながら、その場で歩いてまわる。

❹ せかいは ～ まるい

❺ ただひとつ　❻ 間奏32呼間

2呼間ずつで、胸の前から右左の順に手を横に広げ、次の4呼間で、胸の前でまわしてから両手を上げる。この動作を3回。

❸ と同じ。

ポンポンを前で振りながら、16呼間で円の中心に入ってからもどる。この動作を2回。

＜2種類のメロディーが重なっているところ＞

*2番以降、同じメロディーは1番と同じ動作をする。

❼ A (せか)いじゅう ～ ただひとつ
　 B ＜せかいは ～ ちいさなせかい＞

A：❷❸❹❸と同じ。
B：❹❸❷❸と同じ。

❽ せかいはせまい ～
　 ただひとつ

❾ 後奏4呼間

全員で❹❸と同じ。

最後に両手を上げる。

9月
10月
11月
12月
1月
2月
3月
日本のわらべうた&世界のこどもうた
今月のうた
クラシック&ディズニー
お話

2〜5歳児

CD 22 ビビディ・バビディ・ブー（シンデレラ）

歌詞はP.154

 全身であそぼう（かわいいダンス）

 最後にどんどんテンポが速くなっていくのが楽しいよ。列になって踊り、間奏で前後を入れ替えてもいいね。

<1番>

❶ 前奏16呼間

❷ サラガドゥラ メチカブラ

❸ ビビディバビディブー
♪ビビディバビディ　♪ブー

❹ うたえ 〜
ビビディバビディブー

腰に手をあてて首でリズムをとる。

ひざを2回曲げる。

その場でかけ足してから、「ブー」でおしりを突き出して両手をほほにつけ、口をブーの形にとがらせる。

❷❸を3回。

❺ すべて 〜 ことなど
♪すべてこのよは…

❻ さらりすてて ほがらかに
♪さらりすてて　♪ほがらかに

❼ ビビディバビディブー

❽ サラガドゥラ 〜
ビビディバビディブー

両手を胸の前で交差して、大きくまわして横で止める。この動作を2回。

しゃがんでから両手を広げて立つ。

❸と同じ。

❷❸を2回。

*2番以降、同じメロディーは1番と同じ動作をする。

<3番>

❾ 間奏16呼間

❿ メロディー64呼間

<4番>

⓫ サラガドゥラ 〜
ビビディバビディブー
（☆2回 *2回）

⓬ 後奏8呼間

足踏みをする。

好きなところを4歩歩いてから、3回ジャンプする。この動作を8回。

同じメロディーは1番と同じ動作をする。ただし「ビビディバビディ ビビディバビディ ビビディバビディブー」は、その場を素早くまわる（反対まわりも）。

かいぐりしながら小さくなり、最後に❸のポーズ。

 楽器であそぼう

保育者は指揮者のように合図を送ろう。

準備：タンバリン、カスタネット、トライアングル。

❶ サラガドゥラ メチカブラ

タンバリン：4回たたく。

❷ ビビディバビディブー

カスタネット：3回たたく。

❸ うたえ 〜 ビビディバビディブー

❶❷を3回。

**❹ すべてこのよは
いやなことなど**

トライアングル：トレモロ。

❺ さらりすてて ほがらかに

トライアングル：たたいて休む。
この動作を2回。

❻ ビビディバビディブー

❷と同じ。

**❼ サラガドゥラ 〜
ビビディバビディブー**

❶❷を2回。

＊2番以降、同じメロディーは1番と同じ動作をする。

＜4番後半＞

❽ ビビディバビディ　ビビディバビディ　ビビディバビディブー

全員で、それぞれ下記の動作をする。

カスタネット：7回たたく。

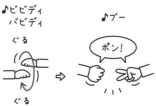

タンバリン：2呼間休んで5回たたく。

トライアングル：6呼間トレモロ＋1回たたく。

 じゃんけんであそぼう

はじめは、保育者vs.子どもたちでやってみよう。

準備：2人組になる。

❶ サラガドゥラ メチカブラ

4回手拍子。

❷ ビビディバビディブー

かいぐりしてから、「ブー」
でじゃんけんする。

❸ うたえおどれたのしく

負けとあいこの場合は、その場でジャンプ
しながらまわる。勝った人は4回手拍子。

❹ ビビディバビディブー

❷と同じ。

※これを何回もくりかえして行う。

23 スーパーカリフラジリスティックエクスピアリドーシャス
（メリー・ポピンズ）

歌詞はP.155

椅子にすわってあそぼう

💡 1番の動きができたら、少しずつ難しくしていこう。

準備：椅子を横1列に並べる。

❶ 前奏8＋16呼間

8呼間音楽を聞いてから、肩を上げ下げする。

❷ スーパーカリ 〜 ことば

リズムに合わせて、2呼間ずつ、首を右・前・左・前に動かす。この動作を3回。

❸ スーパーカリ 〜 ドーシャス

ぐるり

首をまわす（反対まわりも）。

❹ アンディリ 〜 アンディリラーイ

肩を上げ下げする。

❺ せかいの 〜 すばらしいぞ（オー！）

2呼間ずつ、右手4回、左手4回、両手8回、上げ下げする。

❻ スーパーカリ 〜 アンディリラーイ

❷ 〜 ❹ と同じ。

＊ 2番以降、同じメロディーは1番と同じ動作をする。ただし ❺ を下記のように変化させる。

＜2番＞いたずらの 〜 いたくないぞ（オー！）

2呼間ずつ、右足4回、左足4回、両足8回、上げ下げする。

＜インスト＞

2呼間ずつ、右手右足4回、左手左足4回、両手両足8回、上げ下げする。

＜★くりかえし＞

❼ せかいの 〜 すばらしいぞ（オー！）

4呼間で右左に大きく振る。次の4呼間は胸の前で大きくまわしながら立ち上がってすわる。この動作を4回。

❽ スーパーカリ 〜 ドーシャス（1〜3回目）

かいぐりしながら ❷ をする。

❾ スーパーカリ 〜 ドーシャス（4回目）

ぐるり

かいぐりしながら ❸ をする。

❿ スーパーカリ 〜 ドーシャス（5回目）

2呼間ずつ、立ったりしゃがんだりしてから、両手両足をバタバタさせる。

ステッキを持ってあそぼう

ステッキを持つ位置を変えるだけで、他の動きは3番まではすべて同じ。

準備：ステッキ（新聞紙朝刊を丸めたもの）。

❶ 前奏8＋16呼間

8呼間はステッキを前に立てて音楽を聞き、次に4呼間ずつ、ひざを曲げて4回リズムをとる。

❷ スーパーカリ ～ ことば

4呼間で、体を右にたおしてもどす。次の4呼間は左に。この動作を3回。

❸ スーパーカリ ～ ドーシャス

その場で走ってまわる。

＜1番＞前に立てる
❹ アンディリ ～ アンディリラーイ

4呼間ずつ、ひざを曲げて4回リズムをとる。

❺ せかいの ～ すばらしいぞ（オー！）

足を右に4回、左に4回上げ下げする。この動作を2回。

❻ スーパーカリ ～ ドーシャス

❷❸と同じ。

＊ 2・3番はステッキを持つ位置を変えて、
　 同じメロディーは1番（❹～❻）と同じ動作をする。

＜2番＞両手で胸の前で持つ　　**＜インスト＞頭の上で持つ**

（❺の動作）　　　　　　　　（❺は手を上げ下げする）

❼ アンディリ ～
**　 アンディリラーイ**

胸の前で持ち、その場でかけ足をする。

＜★くりかえし＞まわす
❽ せかいの ～
**　 すばらしいぞ（オー！）**

4呼間で右左に大きく振る。次の4呼間は胸の前で大きくまわす。この動作を4回（反対まわりも）。

❾ スーパーカリ ～
**　 ドーシャス（1回目）**

2呼間で立ったりしゃがんだりする。この動作を2回。

❿ スーパーカリ ～
**　 ドーシャス（2回目）**

1呼間で立ったりしゃがんだりする。この動作を4回。

⓫ スーパーカリ ～
**　 ドーシャス（3・4回目）**

その場で走ってまわる（反対まわりも）。

⓬ スーパーカリ ～
**　 ドーシャス（5回目）**

4呼間でその場で素早くまわる（反対まわりも）。最後にステッキを上げてポーズをとる。

5歳児

 フレンド・ライク・ミー（アラジン）

歌詞はP.155

 全身であそぼう（かっこいいダンス）

> 2列で向かい合い、⑰ から中央に集まるので楽しい。手足&顔の向きも揃うとかっこいい！

準備：1列に並ぶ（会場に合わせて列を増やす）。

❶ 前奏32呼間

隣の人と腕を組んで8呼間ずつ、ひざを4回曲げる。

❷（そう！アリ）ババには ～ かないはしない

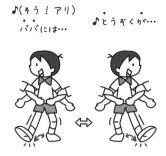

4呼間ずつ、顔も一緒に右向きで、右かかとを右斜め前に出してもどす動作を2回、次に左も2回。この動作を2回。

❸（すごい）パワー ～ イエス、サー

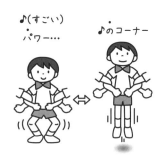

4呼間でひざを曲げ、次の4呼間でジャンプする。この動作を4回。

❹ ごしゅじんさま ～ ハハハ

かけ足で8歩前に進み、8歩下がる。この動作を2回してから「ハハハ」で腕を離して気をつけ。

❺ よごと ～ イエス、サー

足は❷の動作と同じ。両手は出したりひっこめたりする。

❻ ごくじょう ～ ドゥビドゥバッバー

1呼間ずつ、自分の手をたたいてから、右隣の人の左手をたたく。

❼（ごうか）けんらん ～ ときでも（三拍子）

両隣の人と手をつないで片足を前に出し、両手を前後にゆらす。

❽ 間奏32呼間

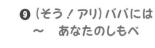

両隣の人と腕を組んで❶と同じ。

❾（そう！アリ）ババには ～ あなたのしもべ

❷～❺と同じ。

❿（こんなこと）できるかい？ ～ ちょっとみてよ

指を鳴らすまねをしながら、前に8歩歩いてから8歩でもどる。

⓫ フー 「ホレ かわいこちゃん ハハー」

♪フー 「ホレ かわいこちゃん ハハー」

両手を前から上げて、ガッツポーズをし、そのまま
ストップ。

⓬ (だから)アブラカタブラ 〜 ダメよ

♪(だから)
アブラカタ〜ブラ…

ガッツポーズのまま、その場でジャンプして
まわる（反対まわりも）。

⓭ 間奏32呼間

両隣の人と腕を組んで、
その場でかけ足をする。

⓮ (ぶった)まげるけど 〜 まほうつかいだぜ

♪(ぶった)まげるけど…

4呼間で右に1歩ずつ横歩きをして足を
閉じる。この動作を8回。

⓯ (ねがい)は 〜 ハイホーホホー

左に⓮の動作をして、元の位置にもどり
ながら列を整える。

⓰ ごしゅじんさま 〜 どうぞ

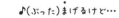

❹の動作を1回。

⓱ (わた)しは 〜 そう

かけ足で8歩前に進む。

⓲ さいこうの 〜 ホラ

オーイェー

その場でかけ足をしながら「オーイェー」と
「ホラ」の部分で大きくジャンプする。

⓳ みて みて ユア・ベスト

「みて」「みて」「ユア」「ベスト」の歌詞の後
にそれぞれ大きくジャンプする。

⓴ フレンド

♪フレーーーンド

8回手をたたきながら、かけ足。

㉑ ワハハー ワハハー

♪ワハハー   ♪ーーーー

4呼間ずつ、手と顔を上げ下げしながら
その場でかけ足をする。この動作を2回。

㉒ (そう)ごきげんな ベスト・フレンド

♪(そう)ごきげんな
ベスト・フレンド

イエイ

かけ足をしながら5回手拍子をし、最後に
「イエイ！」と言いながら、親指を立てる。

CD 20 くまのプーさん（くまのプーさん）

作詞・作曲：リチャード・シャーマン／ロバート・シャーマン　日本語詞：香山美子　編曲：小西真理

ゆめのもりのおく　おとぎのくにに
たのしいなかまたち　あさがきました

☆さあ　ロバのイーヨーいくよ
　さあ　カンガとちいさいルー
　さあ　うさぎのピーターも
　さんぽにいこうよ

ぼくはプー　ぼくはプー
いろんなことをやってみる
ぼくはプー　ぼくはプー
ゆかいなゆかいなプー
ぼくはプー　ぼくはプー
どんなときにもへこたれない
ぼくはプー　ぼくはプー
げんきなげんきなプー

ぼくはプー　ぼくはプー
いろんなことをやってみる
ぼくはプー　ぼくはプー
ゆかいなゆかいなプー

☆くりかえし

CD 21 小さな世界

作詞・作曲：リチャード・シャーマン／ロバート・シャーマン　日本語詞：若谷和子　編曲：丹羽あさ子

世界中どこだって　笑いあり　涙あり
みんなそれぞれ　助けあう　小さな世界
世界はせまい　世界はおなじ
世界はまるい　ただひとつ

世界中誰だって　ほほえめば　仲良しさ
みんな輪になり　手をつなごう　小さな世界
世界はせまい　世界はおなじ
世界はまるい　ただひとつ

世界中誰だって　　　　　＜世界はせまい＞
ほほえめば　仲良しさ　　＜世界はおなじ＞
みんな輪になり　手をつなごう　＜世界はまるい＞
小さな世界　　　　　　　＜ただひとつ＞
世界はせまい　　　　　　＜世界中誰だって＞
世界はおなじ　　　　　　＜ほほえめば　仲良しさ＞
世界はまるい　　　　　　＜みんな輪になり　手をつなごう＞
ただひとつ　　　　　　　＜小さな世界＞

世界はせまい　世界はおなじ
世界はまるい　ただひとつ

CD 22 ビビディ・バビディ・ブー（シンデレラ）

作詞：ジェリー・リビングストン　作曲：マック・デビッド／アル・ホフマン　日本語詞：音羽たかし　編曲：小西真理

☆サラガドゥラ　メチカブラ　ビビディバビディブー
　歌え踊れ楽しく　ビビディバビディブー
　サラガドゥラ　メチカブラ　ビビディバビディブー
　さあさ　みんな元気に　ビビディバビディブー

★すべてこの世は　いやなことなど
　さらり捨てて　ほがらかに　ビビディバビディブー
　サラガドゥラ　メチカブラ　ビビディバビディブー
　歌え踊れ陽気に　ビビディバビディブー

☆★くりかえし

☆2回くりかえし

＊サラガドゥラ　メチカブラ　ビビディバビディブー
　歌え踊れ陽気に　ビビディバビディ　ビビディバビディ
　ビビディバビディブー

＊くりかえし

CD 23 スーパーカリフラジリスティックエクスピアリドーシャス（メリー・ポピンズ）

作詞・作曲：リチャード・シャーマン／ロバート・シャーマン　日本語詞：高沢　明　編曲：上田　益

☆スーパーカリフラジリスティックエクスピアリドーシャス
　どんな時にも　忘れないでどうぞ
　のぞみをかなえてくださることば
　スーパーカリフラジリスティックエクスピアリドーシャス

　アンディリディリディリアンディリラーイ
　アンディリディリディリアンディリラーイ
　アンディリディリディリアンディリラーイ
　アンディリディリディリアンディリラーイ

★世界のすみずみへ　行きました
　どこの国でも　このことばを
　話せばみんな　ほめたたえる
　あなたのことばは　すばらしいぞ（オー！）
☆くりかえし

いたずらの僕を　いつもパパが
おしおきに　ほっぺをつねりました
ある日おぼえた　このことばを
うたえばふしぎよ　いたくないぞ(オー！)
☆くりかえし

☆くりかえし

★くりかえし
スーパーカリフラジリスティックエクスピアリドーシャス
スーパーカリフラジリスティックエクスピアリドーシャス
スーパーカリフラジリスティックエクスピアリドーシャス
スーパーカリフラジリスティックエクスピアリドーシャス
スーパーカリフラジリスティックエクスピアリドーシャス

CD 24 フレンド・ライク・ミー（アラジン）

作詞：ハワード・アッシュマン　作曲アラン・メンケン　訳詞：湯川れい子　編曲：薮内智子

☆そう！アリババには　40人もの　盗賊がいた
　だけどマスター　あんたは　もっとラッキー
　誰も　かないはしない
　すごいパワー　赤のコーナー
　そうさ　パンチは　爆弾
　ほーら見てよ　ドカン！
　ランプ　ちょっと　こするだけだよ　イエス、サー

　ご主人さま　ご用はなあに
　ハイ、ご注文をどうぞ　お気に召すまま　ハハハ
　夜ごと　レストランで　豪華なメニュー
　カモン、ご注文は何なりどうぞ
　あなたのしもべ

　イエス、サー
　極上最高サービス
　よう！ザ・ボス！大将！キング！
　お望みのものを　お手もとに　ドゥビドゥバッバー

　豪華絢爛　天までとどけ
　最高の友だち　たとえ　どんな時でも

☆くりかえし

こんなこと　できるかい？　こんなこと　できる？
こんなことだって　おちゃのこ　さいさいだい
ちょっと見てよ　フー
「ホレ　かわいこちゃん　ハハー」
だから　アブラカタブラ　アカンベー！
ちょっと　いきすぎゃダメよ

ぶったまげるけど　ほんとさ　タネも　仕掛けも　完璧
労働許可も　持ってらい　マジな　魔法使いだぜ
願いは　そっとひとこと　耳にお聞かせを
紙に書いた　長い願いだって　たちまち叶う　ハイホーホホー

ご主人さま　ホラ　願いをどうぞ
わたしは　あなたの子分
そう　最高のお友だち　オーイェー
ごきげんなお友だち　ホラ
見て　見て　ユア・ベスト・フレンド
ワハハー　ワハハー
そう　ごきげんな　ベスト・フレンド

0～5歳児

CD 25 桃太郎英雄伝説

ビゼー　歌劇「カルメン」より第1幕前奏曲・闘牛士の歌
チャイコフスキー　バレエ「白鳥の湖」よりスペインの踊り
ビゼー　歌劇「カルメン」よりアラゴネーズ

作詞：清水玲子　作曲：ビゼー／チャイコフスキー　編曲：丹羽あさ子

 歌でお話

歌にすると桃太郎のお話もすぐに覚えられてしまう！　曲に合わせてペープサートや場面の絵を描いて紙芝居も楽しめるよ。

☆桃太郎のお話を、ビゼーやチャイコフスキーの有名な曲のメロディーにのせて替え歌にしました。

♪＜第1幕前奏曲＞
これから始まる　ステキなお話　歌って聞かせよう
みんなも知ってる　桃から生まれた　桃太郎
これから始まる　ステキなお話　歌って聞かせよう
みんなも知ってる　桃から生まれた　桃太郎

川上から　どんぶらこっこ　大きな桃を
洗濯していた　おばあさん　ひろいあげたよ
よ・い・こ・ら　よいしょ　よいしょ
よ・い・こ・ら　よいしょ－－－－－

大きな大きな桃を　ひろったおばあさん
山からもどったおじいさんに　わけ話し
大きなナタで　エーイ！と　桃割ると
中から出たのは　おぎゃあ　おぎゃあの　男の子だ

場面の絵は拡大コピーして、ぬりえなどを楽しんでください。

♪＜闘牛士の歌＞
「その男の子の名前は」
桃から生まれた　桃太郎
「1杯食べれば1杯分　2杯食べれば2杯分」
ぐんぐん大きくなっていく
「その男の子の名前は」
桃から生まれた　桃太郎
「ひとつ教えれば10まで　10教えれば100まで」
どんどん賢くなっていく

♪＜スペインの踊り＞
「ある日、桃太郎は村人をいじめていた
　鬼を退治に出かけました」
きびだんご持って　桃太郎　鬼退治　鬼が島へ
「すると、犬と猿ときじに出会いました」
きびだんごください　ぼくたちもお供します　鬼が島へ
「桃太郎は、犬・猿・きじをお供に連れ、
　鬼が島へ向かいました」

♪＜アラゴネーズ＞
「鬼が島へ着くと、鬼たちが
　岩の陰から次々と現れました」
我こそは　日本一の桃太郎だ
「よっ！　日本一！」「そうだそうだ！」
悪い鬼どもを　退治に来たのだ
「覚悟しろ！　覚悟しろ！　覚悟しろ！」
切りつける　切りつける　鬼たちめがけ　切りつける
犬はかみ　猿はけり　空からきじはつっつく
ごめんなさい　ごめんなさい　もう悪いことはしません
あなたは　あなたは　日本一の桃太郎

♪「桃太郎、犬、猿、きじは本当に強かったですね。
鬼たちは手をついて謝り、
桃太郎に宝物を全部差し出しました。
桃太郎たちは村へ帰り、宝物を村人たちに分け、
みんなで幸せに暮らしましたとさ。めでたし、めでたし」

9月
10月
11月
12月
1月
2月
3月
日本のわらべうた＆世界のこどもうた
今月のうた
クラシック＆ディズニー
お話

2〜5歳児

CD 26 おはようクレヨン

作詞・作曲：谷山浩子

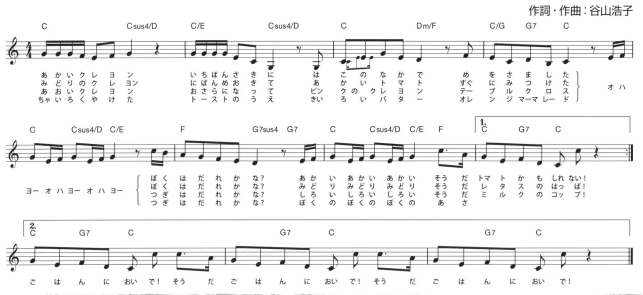

歌でお話

☆クレヨンの色を歌った歌です。きれいなメロディーでかわいい曲なので、まずは子どもたちと一緒に聞き、いろいろな色に気づいていき、身の回りの色に関心を持ってもらえるように、問いかけをしたりしてあそびながら歌いましょう。

♪赤いクレヨン　いちばんさきに
箱の中で　目を覚ました
オハヨー　オハヨー　オハヨー
ぼくは誰かな？
赤い　赤い　赤い…　そうだ
トマトかも知れない！

みどりのクレヨン　二番目起きて
赤いトマト　すぐに見つけた
オハヨー　オハヨー　オハヨー
ぼくは誰かな？
みどり　みどり　みどり…　そうだ
レタスのはっぱ！

青いクレヨン　お皿になって
ピンクのクレヨン　テーブルクロス
オハヨー　オハヨー　オハヨー
次は誰かな？
白い　白い　白い…　そうだ
ミルクのコップ！

茶色く焼けた　トーストの上
黄色いバター　オレンジマーマレード
オハヨー　オハヨー　オハヨー
次は誰かな？
ぼくの　ぼくの　ぼくの
朝ごはんに　おいで！
そうだ　ごはんにおいで！
そうだ　ごはんにおいで！